Bibliographic information published by the German National Library:

The German National Library lists this publication in the National Bibliography; detailed bibliographic data are available on the Internet at http://dnb.dnb.de .

Imprint:

Copyright © 2008 GRIN Verlag, Open Publishing GmbH
Print and binding: Books on Demand GmbH, Norderstedt Germany
ISBN: 978-3-668-19247-8

This book at GRIN:

http://www.grin.com/es/e-book/319652/estrategia-de-capacitacion-para-el-perfec-cionamiento-del-desempeno-profesional

Maria del Carmen Rodríguez Domínguez

Estrategia de capacitación para el perfeccionamiento del desempeño profesional de los bibliotecarios escolares de la ETP en la Provincia de Ciego de Ávila

GRIN Publishing

GRIN - Your knowledge has value

Since its foundation in 1998, GRIN has specialized in publishing academic texts by students, college teachers and other academics as e-book and printed book. The website www.grin.com is an ideal platform for presenting term papers, final papers, scientific essays, dissertations and specialist books.

Visit us on the internet:

http://www.grin.com/

http://www.facebook.com/grincom

http://www.twitter.com/grin_com

INSTITUTO SUPERIOR PEDAGÓGICO

"MANUEL ASCUNCE DOMENECH"

SEDE PEDAGÓGICA MORÓN

CIEGO DE AVILA

MENCIÓN: EDUCACIÓN TÉCNICA Y PROFESIONAL

TESIS EN OPCIÓN AL TÍTULO ACADÉMICO DE MÁSTER EN CIENCIAS DE LA EDUCACIÓN

TÍTULO: ESTRATEGIA DE CAPACITACIÓN PARA EL PERFECCIONAMIENTO DEL DESEMPEÑO PROFESIONAL DE LOS BIBLIOTECARIOS ESCOLARES DE LA ETP EN LA PROVINCIA DE CIEGO DE ÁVILA.

AUTORA: Lic. María del Carmen RODRÍGUEZ DOMÍNGUEZ

2008

La ciencia desafía lo desconocido,

efectúa preguntas, plantea problemas

y busca soluciones.

Víctor Massuh

AGRADEZCO INFINITAMENTE:

- A mis tutores los doctores José Ramos Bañobre y Kenia González González por tantas horas dedicadas a este empeño. ¡Gracias por sus atinadas sugerencias y por su entrega!

- A los familiares de mis tutores por haberse involucrado de todo corazón en este esfuerzo.

- A mi consultante el Dr.C. Ramón Pla López por la confianza depositada en mí.

- A los doctores del Centro de Estudios.

- A Marilín por sus amenos intercambios.

- Al Sistema de Información para la Educación, especialmente al de mi provincia.

- A las muchachitas del CDIP del Pedagógico.

- A Yola, a Eva, a Emeria, a Lily Castillo compañeras de siempre.

- A Lily, Barbarita y Amalia por llevar adelante el SIED en Morón.

- A mis compañeros del grupo predoctoral.

- A mis compañeros del doctorado.

- A la Facultad de ETP del ISP ¨Manuel Ascunce Domenech¨

- A mis compañeros de trabajo del Instituto Politécnico de Economía ¨Félix Varela Morales¨.

- A Héctor, Baby, Amalia, Minela, Yana, Nancy, Oraida, y a todo mi colectivo laboral.

- A la Escuela de Hotelería y Turismo de Ciego de Ávila, especialmente a su director, a Raúl, a las Chicas del CDIP: Mabel, Margaret y Yoanka, a Alcides por su paciencia y bondad.

- A todos los que han laborado en la actividad bibliotecaria en la provincia, especialmente a Inocencia Baró, Nélida, María de los Ángeles, Alba, Elba Nelie ...

- A mis padres y hermanos por tanta preocupación y ocupación.

- A mis sobrinos Naylet y Javie.

- A mi esposo OSMEL y a mis hijos DIAMIR, JORGE y LÉSTER por su incondicional, apoyo y desvelo por todas mis causas.

- A la Dirección de la SEDE UNIVERSITARIA de Cultura Física por todas sus atenciones.

- A todos mis amigos y amigas, a los que me aconsejaron que desistiera para cuidar de mi salud, a los que me animaron y animan cada día.

- A mis estudiantes, a los que fueron y a los que son.

- A ODALYS TRUJILLO y a su familia que también es la mía.

- A mis vecinos por tanta colaboración.

- A los que ya hoy no están, pero asistieron en alguna medida a este proceso.

- A todos los que de una manera u otra han tenido que ver con este esfuerzo.

GRACIAS, MIL GRACIAS A TODOS.

SÍNTESIS

Esta tesis expresa las ideas sobre la necesaria preparación que deben poseer los bibliotecarios escolares de la ETP para enfrentar los retos de las transformaciones educacionales presentes y futuras, teniendo en cuenta las carencias y potencialidades en la concepción teórica y metodológica de su superación, lo que ha sido manifestado en el desempeño profesional de estos. Atendiendo a las limitaciones manifiestas se formula el problema científico ¿Cómo contribuir al perfeccionamiento del desempeño del bibliotecario escolar de la ETP en la provincia de Ciego de Ávila?, Sugiriéndose como objetivo proponer una estrategia de capacitación para el perfeccionamiento del desempeño profesional de estos docentes por la importancia de su labor en la contribución a la calidad del proceso pedagógico. La solución al problema científico está fundamentada en la concepción dialéctico-materialista, lo que contribuye a la aplicación de diferentes métodos y técnicas tanto del nivel teórico (histórico lógico, enfoque de sistema, modelación) como del nivel empírico (observación científica, el método experimental, criterio de expertos, el análisis de documentos, la observación científica, encuestas, entrevistas) se consideraron además métodos estadísticos y matemáticos para el análisis cuantitativo de la información. La implementación de la estrategia en la práctica permitió elevar la preparación de los trabajadores de la información de la ETP a partir de la adquisición de conocimientos y habilidades para enfrentar las actuales y futuras transformaciones y desarrollar una actuación más integradora y coherente como maestros de la información.

ÍNDICE

INTRODUCCIÒN

Constituye una aspiración del Sistema Educacional, por su influencia en el desarrollo de la sociedad, que todos los ciudadanos cubanos se apropien de una cultura general integral, por lo que tiene entre sus prioridades la optimización del proceso docente educativo. Inmerso en profundas transformaciones se esfuerza en la preparación de sus profesionales y de las nuevas generaciones para asumir con protagonismo el desarrollo.

Desde 1995 se intentaron introducir en el SIED nuevos métodos y estilos de trabajo, pero no se pudo asumir en la práctica bibliotecaria en la provincia de Ciego de Ávila, (Castillo, Ildefonso, 2002), dada por la falta de preparación de los protagonistas y de estrategias coherentes en ese sentido, no obstante, se comenzó a laborar en la preparación de un trabajador de la información de carácter general, enfatizándose en el componente psicopedagógico, en los cursos para la formación de técnicos medios.

En el curso 1997-1998 el Departamento Metodológico del SIED provincial, en visitas de EMC e inspecciones integrales se pudo constatar que los métodos y estilos en el trabajo tradicionales se mantenían. El Sistema de Información en este territorio se encontraba en un proceso de estancamiento con relación al proceso continuo que se operaba en el Sistema Educacional, por lo que se requería de estrategias, que a partir de un diagnóstico, permitieran elevar el estado real de su funcionamiento. No es hasta el 2002 en que concreta la concepción estratégica orientada por la Dirección Nacional del Sistema en la que se propone determinar como un área de resultado clave esencial la preparación del personal bibliotecario para lograr un desempeño acorde con sus funciones y demandas.

En el informe rendido por la Dirección Provincial del Sistema en Ciego de Ávila a su Dirección Nacional sobre los resultados del trabajo al concluir el curso 2002 – 2003, se reconoce que aún es insuficiente la preparación del personal bibliotecario del territorio fundamentalmente, en relación con las nuevas tecnologías de la información y la comunicación.

La Dirección Nacional del SIED ha emprendido estudios relacionados con esta problemática: Serrano (2002); Alejo ,Serrano, Bermello (2001); Alfonso Chomat (2005). A partir del 2004 a nivel provincial Estrada Felipe - González González, Casas Domínguez, González Villafruela, Horta Hernández, han abordado el desempeño profesional del bibliotecario escolar del sector educacional, realizando propuestas de capacitación por considerarse esta la limitación que más incide en su actuación, pero sin proyectar de manera teórica las competencias de este docente.

La Enseñanza Técnica y Profesional, con características muy particulares, pero insertada en el proceso de transformaciones educacionales que se opera en distintas latitudes, con condiciones excepcionales en Cuba, precisa de bibliotecarios escolares capaces de transformarse y a su vez transformar su entorno. Este subsistema educacional en la provincia Ciego de Ávila cuenta con 18 unidades de información, situadas en igual número de centros docentes, distribuidos en los 10 municipios; con una fuerza laboral (33) muy heterogénea; son Técnico Medio en la especialidad y poseen título universitario de Licenciados en Educación alrededor del 32% de ellos.

En algunos casos poseen la formación pedagógica; pero carecen de la formación técnica, en otros poseen la formación técnica pero no la profesional pedagógica. Con la aplicación de instrumentos se constata que existen limitaciones para satisfacer la misión declarada por la Dirección Nacional de Sistema. Urge nivelarlos porque se necesita de un trabajador en el que se manifiesten de manera integrada las competencias como docente gestor de la información y del conocimiento, que le permitan contribuir al proceso de transformaciones y perfeccionamiento del Sistema Educativo Cubano.

Aunque se aprecian avances, aún los bibliotecarios escolares de la ETP presentan insuficiencias en su desempeño profesional para satisfacer las necesidades formativas e informativas de los usuarios derivadas de las transformaciones educacionales. Estas insuficiencias se consideran consecuencia directa de carencias en su preparación, manifestándose en: servicios tradicionales (variantes del préstamo), servicios sin carácter proyectivo, ni personalizados, limitaciones en la integración con el resto de los docentes en función de perfeccionar el proceso docente–educativo, desconocimiento de las características de la comunidad usuaria, débil gestión de la información y del conocimiento, insuficiencias en el perfeccionamiento de la actividad informativa - educativa por la vía científica, incidiendo en ello la diversidad de planes y programas de estudio, que se desarrollaron por el Ministerio de Cultura y el Ministerio de Educación, por los que fueron formados.

Los bibliotecarios escolares (se utiliza el término en sentido genérico, incluye a ambos sexos) constituyen, como parte integrante del colectivo pedagógico, una fuerza decisiva como agentes del cambio por su contribución a la satisfacción de las necesidades formativas e informativas, desde la perspectiva de la información como recurso para la educación integral del ser humano.

La superación del bibliotecario escolar necesita una concepción en la que de manera dialéctica se integren las competencias de éste, con el propósito de contribuir a perfeccionar su desempeño profesional, por tales razones se genera una contradicción que se da entre la aspiración: que sean maestros de la información competentes y las limitaciones en la preparación para asumir sus funciones.

Problema científico:

¿Cómo contribuir al perfeccionamiento del desempeño del bibliotecario escolar de la ETP en la provincia de Ciego de Ávila?

Como **objeto** de la investigación se considera el desempeño del bibliotecario escolar de la ETP de la provincia de Ciego de Ávila, como **campo de acción**, la preparación del bibliotecario escolar para cumplir sus funciones.

Objetivo: Proponer una estrategia de capacitación que contribuya al perfeccionamiento del desempeño del bibliotecario escolar de la ETP en la provincia de Ciego de Ávila

Preguntas científicas:

3

1. ¿Cuáles son los fundamentos teóricos que sustentan el desempeño del bibliotecario escolar?

2. ¿Cuál es el estado de la preparación del bibliotecario escolar de la ETP en la provincia de Ciego de Ávila para un desempeño eficiente ?

3. ¿Cómo preparar a los bibliotecarios escolares de la ETP de la provincia de Ciego de Ávila para un desempeño eficiente?

4. ¿Qué efectividad tendrá la introducción de estrategia de capacitación para elevar la preparación de los bibliotecarios escolares de la ETP en la provincia de Ciego de Ávila?

Para ello se propone las siguientes **tareas de investigación:**

1. Fundamentación teórica que sustenta el desempeño del bibliotecario escolar

2. Caracterización del estado de la preparación del bibliotecario escolar de la ETP en la provincia de Ciego de Ávila, teniendo en cuenta las competencias profesionales concebidas.

3. Elaboración de una estrategia de capacitación a los bibliotecarios escolares de la ETP en la provincia de Ciego de Ávila para perfeccionar su desempeño.

4. Evaluación de la efectividad de la estrategia de capacitación en el perfeccionamiento de la preparación del bibliotecario escolar

Población: Estuvo conformada por diversas unidades de estudio, teniendo como centro de la transformación a 31 bibliotecarios escolares de los centros de la ETP de la provincia de Ciego de Ávila.

Muestra: Se escogió una muestra al azar estratificada. Se seleccionó por sorteo un municipio en cada categoría: Morón, Chambas y Florencia en los que se implementó la estrategia de capacitación a los 11 bibliotecarios escolares de los centros de la ETP en dichos municipios, que constituyen el 35,5% el total de la población.

4

MÉTODOS DEL NIVEL TEÓRICO

Histórico lógico: propició el conocimiento sobre la evolución y desarrollo del proceso de preparación de los bibliotecarios escolares que ejercen en la ETP: antecedentes, actualidad y su proyección.

Enfoque sistémico estructural: en la elaboración de la estrategia con una concepción integradora, donde se aprecia la interrelación de los distintos componentes que la integran.

Modelación: permitió crear el modelo profesional, representando las competencias y su relación con el desempeño del bibliotecario escolar en la ETP como docente gestor de la información y los conocimientos.

MÉTODOS DEL NIVEL EMPÍRICO

Observación científica: se utilizó para diagnosticar el nivel preparación de los bibliotecarios escolares de la ETP en la provincia en función de la satisfacción de las necesidades de la comunidad pedagógica, y en la evaluación de la efectividad de la estrategia de capacitación para el perfeccionamiento del desempeño.

TÈCNICAS

> Entrevista: posibilitó   realizar precisiones en el diagnóstico con informaciones valiosas sobre los antecedentes en cuanto a la preparación de los trabajadores de la información para su desempeño en el sector educacional.

> Encuesta: permitió, obtener criterios valorativos de los docentes, sobre el desempeño profesional de los trabajadores de la información de la ETP y los factores que lo condicionan.

> Análisis documental: el análisis del currículo para la formación de los técnicos en información en el sector y de la Licenciatura en Ciencias de la Información, de la estrategia de trabajo del SIED en la nación y en la provincia de Ciego de Ávila, además de las resoluciones y circulares

5

que norman el trabajo del SIED, esencialmente las destinadas a la formación y superación de los trabajadores de la información para la educación.

➢ Métodos matemáticos y estadísticos: se aplicó la estadística descriptiva: para determinar la preparación de los bibliotecarios escolares de la ETP a través de la interpretación de los datos antes y después de aplicada la estrategia.

El cálculo porcentual se utilizó para posibilitar el análisis cuantitativo a partir de la tabulación de los datos de los instrumentos aplicados, además de tablas que permiten la visualización ilustrada de los resultados obtenidos en la investigación.

NOVEDAD CIENTÍFICA

- Nuevas dimensiones e indicadores incorporadas al modelo profesional del docente. El sistema de relaciones entre las dimensiones de este trabajador como maestro, gestor de la información y promotor cultural considerando la integración de las competencias del bibliotecario escolar.

- La concepción integrada de acciones que se caracterizan por partir del diagnóstico para el que se tienen en cuenta las competencias concebidas para este docente.

CONTRIBUCIÓN DE LA INVESTIGACION A LA PRÁCTICA

La estrategia de capacitación para el perfeccionamiento de la preparación para el desempeño de los bibliotecarios de la ETP de la provincia de Ciego de Ávila, compuesta por acciones diseñadas de manera coherente, jerárquicas, interrelacionadas que pretende elevar los niveles de preparación del bibliotecario escolar para el desempeño.

Esta tesis se estructura como sigue:

Introducción, dos capítulos desarrollados para arribar a conclusiones y formular las recomendaciones, cuenta con un cuerpo de anexos donde se recopilan los instrumentos aplicados en cada momento de la investigación, así como las tablas que ilustran los resultados del proceso.

En el capítulo I se abordan los fundamentos teóricos generales sobre el desempeño profesional de los bibliotecarios escolares, teniendo en cuenta los antecedentes históricos de la profesión bibliotecaria. Se analiza el proceso de formación y superación de los bibliotecarios escolares para su desempeño. Se abordan elementos teóricos, metodológicos, las conceptualizaciones, los fundamentos y los contenidos de las competencias profesionales para el desempeño eficiente como docentes gestores de la información y de los conocimientos, desde una concepción integradora.

En el capítulo II Se diagnostica el estado de la preparación de los bibliotecarios escolares de ETP teniendo como punto de partida dichas competencias, proponiéndose una estrategia de capacitación para el perfeccionamiento del desempeño profesional de los bibliotecarios escolares de la ETP en la provincia de Ciego de Ávila. Se fundamenta la estrategia de capacitación. La propuesta posibilita el acercamiento al profesional deseado al contemplar tanto lo cognitivo, lo afectivo como lo actitudinal en esta concepción, además se expresa la evaluación científica de la propuesta a partir de su implementación en la práctica pedagógica.

CAPÍTULO I: FUNDAMENTOS TEÓRICOS Y METODOLÓGICOS DEL DESEMPEÑO DEL BIBLIOTECARIO ESCOLAR

1.1. Acercamiento a la teoría sobre el desempeño profesional pedagógico.

En este epígrafe se abordan las principales teorías sobre desempeño, teniendo en cuenta estudios realizado con anterioridad por prestigiosos autores tanto de las Ciencias de la Educación como de las Ciencias de la Información.

La revisión de la literatura permitió conocer la variedad de definiciones en torno al término desempeño, en algunos casos se refieren al desempeño en sentido general (Alahama – Addine, 2000); al desempeño profesional (Añorga, 1995); en otros al desempeño profesional, pero del ámbito educacional (Chirino, 2004) ; (Syr Salas, 2005), (Pla, 2005). Otros autores conceptualizan el desempeño atendiendo a las especificidades de su objeto de estudio (Santos 2002: educación ambiental; Sánchez, 1999: del director educacional; Milanés 2004 y Torres 2004: desempeño del directivo de la ETP; Roca, 2001: el docente de la ETP) En el proceso de análisis se pudo determinar que mayoritariamente hay coincidencia en asociarlo a la actuación concreta del individuo, relacionado con lo que hace. ¿Qué se entiende por desempeño? ¿Qué se entiende por desempeño profesional? ¿Qué se entiende por desempeño profesional pedagógico? ¿Qué relación tiene el desempeño profesional pedagógico con el bibliotecario escolar?

Para dar respuesta a las anteriores interrogantes se citan las definiciones ofrecidas por algunos autores antes mencionados. Desempeño "Actuación de los individuos en la consecución de determinados objetivos, con una dirección dada, en la que se concibieron y evaluaron los resultados alcanzados y los comportamientos del individuo para alcanzar los mencionados resultados" (Rafael Alhama citado por la Dra. C. Fátima Addine: 2000)

Desempeño profesional como "la aptitud o capacidad para desarrollar competentemente los saberes u obligaciones inherentes a un encargo laboral…es el comportamiento total, o la conducta real del trabajador, o el educando en la realización de una actividad o tarea durante el ejercicio de su profesión" Ramón Syr Salas: 2005)

Desempeño profesional "la capacidad de un individuo para efectuar acciones, deberes y obligaciones propias de su cargo o funciones profesionales que exige un puesto de trabajo. Esta se expresa en el comportamiento o la conducta real del trabajador en relación con otras tareas a cumplir durante el ejercicio de su profesión. Este término designa en realidad lo que el profesional hace y no solo lo que sabe hacer" (Añorga Morales, 1995)

Desempeño profesional, refiriéndose particularmente al de los educadores es "su práctica profesional educativa en la que deben dar respuesta a los problemas de carácter profesional que la afectan, así como proyectar estrategias de desarrollo a partir de las condiciones existentes…" (Chirino Ramos, 2004)

Desempeño: "la expresión concreta del modo de actuación del docente en un ambiente pedagógico determinado". (Pla López …/et al/, 2005)

Por otra parte, en el ámbito bibliotecológico iberoamericano, la Norma ISO 11620: 1998 (E) de Información y Documentación define el desempeño como: eficacia de la provisión de servicios por la biblioteca y la eficiencia de la asignación y uso de recursos en el suministro de los servicios, y establece indicadores para calcular la calidad de los servicios prestados en la institución y la eficiencia de los recursos destinados por la biblioteca a tales servicios y otras actividades, así mismo (Stubbs, 2004), también propone indicadores de desempeño para bibliotecas, auque no define el término se infiere que tiene que ver con herramientas útiles para el proceso de evaluación de los servicios, potenciando lo cuantitativo.

En Cuba, se aborda el término en tesis de maestría (Alfonso, 2005; González, 2005) En el primero de los casos se asume el desempeño del bibliotecario escolar como "modos de actuación que son los estilos, formas y técnicas que utiliza el bibliotecario escolar para su intervención dentro de la actividad científico-investigativa, utilizando los procedimientos generalizadores para el desarrollo perspectivo de su trabajo". Se realizan precisiones sobre la "necesidad de lograr nuevos modos de actuación en los bibliotecarios escolares que están insertados dentro de una escuela que cambia constantemente, y que él como profesional de la información y personal docente tiene que tener una participación activa y responsable porque incide de manera directa o indirectamente en la formación de los estudiantes y en el desempeño del colectivo pedagógico... Se hace necesario cambiar las formas de pensar y actuar de los bibliotecarios que contribuya a lograr que los alumnos piensen y actúen de acuerdo con sus convicciones y que estas coincidan con los intereses de la sociedad para lo cual son formados" (p. 51)

A consideración de la autora de la tesis cuando se refiere a los modos de actuación está aludiendo a la concreción de cada una de las funciones profesionales del docente ya que ambos se utilizan indistintamente.

En el segundo, González, 2005 se refiere al bibliotecario de la microuniversidad y cita "La concepción actual del desempeño del bibliotecario escolar precisa que este se convierta en un gestor de información, en correspondencia con los planes y programas de la educación; demuestre respeto por su especialidad, por su profesión y por el rol que juegan en el desarrollo social; responsabilidad en la actividad científica, por su contribución en la recuperación y divulgación de la información, así como el apoyo significativo para las soluciones del banco de problemas y un activo promotor de cultura, integrador de fuentes de información con su participación activa en la búsqueda y localización de esta, para la superación de los docentes..." : (p. 26) a la vez que enfatiza en que esta concepción cambia la posición del bibliotecario escolar y concibe su actuación desde la dirección acertada de la actividad que dirige, lo que puede concretarse en el apoyo lógico a la actividad educativa y por la elevación de la cultura general de los jóvenes universitarios, los docentes, los estudiantes y la familia.

En ambos casos se revela la intencionalidad de perfeccionamiento de la actuación del bibliotecario escolar y ofrecen elementos que resultan positivos para este estudio porque esbozan cuestiones a considerar en el ideal de bibliotecario escolar, pero difieren en que: (Alfonso, 2005) asume la actuación como profesional de la información y como docente sin referirse a este como maestro de la información; entre tanto (González, 2005) lo ve como gestor de la información en correspondencia con los planes de estudio, con responsabilidad en la actividad científica por su contribución en la recuperación y divulgación de la información y apoyo a las soluciones del banco de problemas y a la actividad educativa en sentido general.

El análisis realizado permitió constatar que prevalece el criterio de considerar al bibliotecario escolar como personal de apoyo a la docencia.

En las actuales circunstancias en que la sociedad exige de la educación mayor preparación de la ciudadanía para insertarse en un mundo en el que los constantes cambios se suceden y se generan nuevos retos, el bibliotecario escolar como profesional de la educación en su sentido más amplio, tiene ante sí la responsabilidad junto al resto de los docentes de contribuir a la formación integral de las nuevas generaciones desde la cultura informacional como parte integrante de la cultura general integral, por lo que la autora asume la concepción del Dr. Pla López … /et al/ al considerar la teoría sobre el modo de actuación integral y contextualizado del docente donde el desempeño es "la expresión concreta del modo de actuación del docente en un ambiente pedagógico determinado" (p. 19)

1.1.2. Las bibliotecas, los bibliotecarios escolares y la ETP.

Las bibliotecas escolares comienzan a tener cierto auge en el siglo XX, creándose fundamentalmente en Canadá, Bélgica, Estados Unidos, Japón, Suiza, Reino Unido Suecia, y la Unión Soviética.

La historicidad de este tipo de institución en Cuba ha sido abordada por un grupo limitado de autores: Ariosa Morales (1956), Fernández Abril (1971), Izquierdo Cáceres (1978), Alfonso Chomat y Rojas Crespo (1993), Alfonso Chomat (2005), González Villafruela (2005) pudiéndose sintetizar que el proceso de desarrollo de la biblioteca escolar se inicia en el siglo XIX, motivado por los avances de la ciencia y la técnica y sus repercusiones en el campo de la enseñanza y el aprendizaje, aunque alcanzó su mayor auge a partir del siglo XX, precisamente en la década del 20, producto de las exigencias de los nuevos métodos de aprendizaje que exigían la consulta de diferentes fuentes de información.

El propósito de estas organizaciones de información era el trabajo con estudiantes y maestros para contribuir a los fines de la escuela. Algunos directivos y docentes insistían en la importancia de la Biblioteca Escolar.

Desde esa época se apuntaban requerimientos para el éxito de la biblioteca y se expresaba que se lograba ese propósito cuando se cuenta con los siguientes factores: personal idóneo, colección bibliográfica y audiovisual convenientemente seleccionada, locales y mobiliarios apropiados.

Con relación a la idoneidad del personal que asumiría las funciones del bibliotecario puede asegurarse que aún no se esbozaban las condiciones que debía reunir para desempeñarse exitosamente, ni las vías de preparación con ese fin.

En tesis de maestría se abordan los antecedentes de las bibliotecas escolares, coincidiendo en que se encuentran en los centros de segunda enseñanza, señalando que en el Decreto Presidencial 1749 de octubre de 1927, artículo 143, se recomendaba al Auxiliar de Letras la atención de la biblioteca, aunque también se refiere que "las Escuelas Normales de Maestros estarán dotadas de una biblioteca pedagógica" sin precisar si existía la plaza para ello.

En 1939 se elaboró el reglamento de Segunda Enseñanza, y en su artículo 77 de la sección 5ta norma el contenido de trabajo de las bibliotecarios y determinó: "Habrá en cada Instituto un bibliotecario que tendrá a su cargo la biblioteca general de su establecimiento. El bibliotecario custodiará, bajo su responsabilidad, los libros y efectos que se le entreguen, cuidando su clasificación y conservación. Llevará dos catálogos de todas las obras de la biblioteca, uno por orden de materias y otro por orden alfabético de autores: No permitirá sacar libros de la biblioteca, salvo si el Director lo dispusiera por escrito. Llevará un registro de asistencia de lectores y será responsable del funcionamiento de la biblioteca".

Los cambios económicos de la nación, la aparición de las primeras revistas y libros de la especialidad y algunos esfuerzos aislados en la formación profesional posibilitan que se delimite las funciones del bibliotecario.

Por otra parte el mismo documento fija la constitución de las bibliotecas escolares en los centros de segunda enseñanza "Poseerá cada plantel una biblioteca general y las bibliotecas de cátedras que se estimaren conveniente organizar". A pesar de contemplarse la plaza y el oficio del bibliotecario escolar esta labor era ejercida generalmente por los propios maestros y profesores que en su tiempo libre se dedicaban a ella.

Según Alfonso 2005, la UNESCO, en 1956, celebra en Cuba una jornada bibliotecológica, en la que se presentó el trabajo "Plan Orgánico para un Servicio Nacional de Bibliotecas Escolares" recomendando la definición de la política en torno a las bibliotecas escolares y que estas instituciones fueran dirigidas por una dependencia del Ministerio de Educación.

Derivado del análisis de estas recomendaciones por la UNESCO en 1957 se acordó: "Acoger la sugestión hecha en el sentido de que el departamento de Actividades Culturales de la UNESCO (Sección de Bibliotecas) participe en el proyecto primero; que se estimule el desarrollo de las bibliotecas escolares y que, acepte el ofrecimiento del gobierno de Cuba, se establezca una biblioteca escolar piloto en la Habana"

En resumen, antes del triunfo de la Revolución, la existencia de estas instituciones era pobre. La educación más favorecida fue la media, fundamentalmente Institutos de Segunda Enseñanza, y los centros para la formación de maestros y las de la educación privada.

El abandono por parte de los organismos oficiales hacia la actividad bibliotecaria en las escuelas se refleja en las palabras de Ariosa Morales, (1956) "en las escuelas, la biblioteca se reduce a un grupo de libros dispuestos en un estante cerrado sin ordenación, al cual tienen acceso solo los maestros."(p. 6)

A juicio de la autora se demuestra que no constituía prioridad la labor bibliotecaria en función del aprendizaje, el abandono a la educación se manifestaba en las escuelas, que carecían de materiales necesarios para realizar su trabajo, provocado ello por la desatención oficial así mismo se aprecia la falta de atención a la biblioteca por parte de personas preparadas para enfrentarse a dicha labor.

Se debe significar que atendiendo a las marcadas diferencias sociales existentes la enseñanza privada contaba en algunos casos con bibliotecas con mobiliario lujoso y colección con un número considerable de documentos en función de los programas escolares.

Con el triunfo de la Revolución y consciente de la importancia de la biblioteca escolar el Gobierno Revolucionario, dicta la Ley No. 856 "Nueva Ley Orgánica del Ministerio de Educación" y a través de su artículo 47 crea el servicio de bibliotecas escolares para toda la nación. Se proponía crear y fomentar este tipo de institución, así mismo lograr una conciencia bibliotecaria en maestros, alumnos y miembros de diversas comunidades; además de organizar actividades destinadas a orientar y capacitar al maestro o maestro bibliotecario para el mejor desempeño de sus funciones, procurando desde los inicios un servicio eficiente como contribución al proceso de formación de la personalidad de las nuevas generaciones.

La Campaña de Alfabetización, primera revolución en la educación cubana, coincidió con la primera revolución bibliotecaria. Se creó el Departamento Nacional de Bibliotecas Escolares, al que se le asignó llevar a la práctica la política trazada por el Ministerio de Educación en materia de bibliotecas de este tipo, teniendo como propósitos la creación y desarrollo de estas, así como despertar el interés de maestros, estudiantes y de la comunidad en general hacia los libros y la lectura.

La Revolución les ofreció la luz del conocimiento, independientemente de sus edades. Con la nueva concepción se transformó radicalmente el modelo educacional clasista, de minorías, que había dominado hasta entonces, lo que repercutió en el funcionamiento de las bibliotecas.

Hasta esos momentos el Departamento Nacional de Bibliotecas Escolares se dedicó a seleccionar, procesar técnicamente y distribuir el material destinado a las bibliotecas escolares y garantizar su uso, control y conservación mediante una adecuada supervisión; organizar actividades destinadas a capacitar al personal bibliotecario para un mejor desempeño de sus funciones.

Comenzaron a crearse de manera intensiva las bibliotecas escolares en las escuelas primarias "porque mientras en otras enseñanzas existían algunas bibliotecas que en un momento dado podrían incorporarse al sistema, en la primaria no existían y era preferible ensayar con las nuevas bibliotecas y los nuevos bibliotecarios las técnicas de desarrollo, organización y capacitación". (Mancebo) citado por Alfonso, 2005 (p. 18)

Los municipios cabeceras de entonces fueron los seleccionados para la creación y funcionamiento de las bibliotecas pilotos, a veces en locales anexos a una escuela para facilitar su uso por alumnos de varios centros escolares.

La educación primaria se fue desarrollando y el trabajo bibliotecario se tornaba indispensable, por lo que se necesitaba que el personal para atender las bibliotecas escolares se dedicara únicamente a esas funciones, lo que unido al incremento de la red, determinó el inicio de cursos para la formación de bibliotecarias escolares en ejercicio.

M. Alfonso, en su tesis de maestría (2005) realizó precisiones sobre la materialización de un plan piloto de acuerdo con la Subdirección de la Enseñanza Secundaria en cada provincia, con el objetivo de iniciar el servicio bibliotecario organizado en las escuelas con condiciones

Por otra parte en 1967, con la reestructuración del Ministerio de Educación, que dio origen a la Dirección Nacional de Medios Audiovisuales a la que quedó adscrito el Centro de Documentación Pedagógica, creado ya desde 1960 bajo la dirección del Instituto de Superación Educacional (ISE), había asumido el desarrollo de la red nacional de información pedagógica; asumía desde ese año la encomienda de restablecer los centros de documentación provinciales y regionales. Se crearon los buroes de información que funcionaban en escuelas e institutos de Educación Técnica y Profesional por lo que constituyen, unidos a los Centro de Documentación Pedagógica un antecedente muy importante para el estudio de las actuales bibliotecas escolares de la ETP.

Estas células informativas respondían a los intereses de los docentes, mantenían el enlace con los centros de producción, los centros de documentación de la especialidad y otros buroes y centros relacionados con la actividad. En 1968 se fortaleció la red como consecuencia del considerable incremento de los fondos, ampliación de locales y cierta agilidad en el flujo de información.

En la década del 70 se produjo la segunda revolución en la educación, con la constitución del Destacamento Pedagógico "Manuel Ascunce Domenech" para cubrir la demanda de profesores de la enseñanza media en aquel entonces, provocada esta por el incremento de matrícula como resultado de las medidas tomadas por la Revolución desde sus inicios.

Esta revolución educacional también impactó la red de información, y en 1971 el Centro de Documentación Pedagógica y sus dependencias provinciales y nacionales se subordinaron a la Dirección General del Centro de Desarrollo Educativo, dirigido por el Viceministro Primero de Educación.

También en esta década, 1975, tuvo lugar el inicio del perfeccionamiento continuo del Sistema Nacional de Educación incluyendo la actividad bibliotecaria como parte integrante de este. Se imponía una nueva concepción en los estilos de trabajo, el redimensionamiento de los programas existentes y el diseño de otros en correspondencia con las necesidades propias del desarrollo del país. El aseguramiento informativo atendiendo a las nuevas condiciones exigía de esta actividad proyectarse hacia las necesidades que surgieran a los usuarios dadas las circunstancias.

En el año 1988 se constituyó en el MINED la Comisión de trabajo metodológico con el propósito de proyectar y perfeccionar el trabajo de las bibliotecas escolares. Los metodólogos provinciales y municipales, así como bibliotecarios seleccionados por sus condiciones en cuanto a conocimientos y experiencias la integraron. Una de las subcomisiones se encargó del perfeccionamiento de las bibliotecas escolares y los centros de documentación e información pedagógica.

La década del 90 estuvo matizada por el Período Especial. Se mantuvieron las conquistas fundamentales tanto en lo político como en lo socioeconómico. La educación en sentido general constituyó un baluarte para la preservación de los logros y a pesar de las limitaciones ascender en la preparación del hombre para la vida.

En este contexto se produce la segunda Revolución Bibliotecaria, lo cual demostró que las carencias no podrían detener la labor de las bibliotecas. "Se produjo un proceso de transformación hacia la biblioteca popular del tercer milenio donde se hacía necesario insertarse en el mundo sin perder las raíces, mantener los principios martianos y continuar la herencia revolucionaria, con su carácter gratuito y libre en la prestación de servicios básicos, activa, cubana y antiimperialista; que a su vez continúe el apoyo a las tareas ideológicas y educativas, capaz de conjugar las nuevas tecnologías de la información, con las técnicas y métodos bibliotecarios". Acosta, (1998)

Desde el curso 89-90 se inició el diagnóstico del servicio bibliotecario, acción que continuó su ejecución en el curso 90-91. Teniendo en cuenta los resultados del diagnóstico se proyectó el trabajo para el perfeccionamiento del accionar de las bibliotecas escolares y centros de información.

Otra acción acometida en esta década fue la creación, en el curso escolar 91-92 del Sistema de Información para la Educación (SIED), unificándose bajo la misma dirección el trabajo de las bibliotecas escolares y de los Centros de Documentación e Información Pedagógica lo que ha permitido, en gran medida el aprovechamiento de los recursos materiales y humanos disponibles en el sector educacional, lo que ha contribuido al fortalecimiento de la actividad informativa.

El Sistema de Información para la Educación (SIED) diseñó en el curso escolar 1999/2000, su concepción estratégica para la consolidación del trabajo de información en las distintas unidades que lo integran, teniendo como visión que la información educativa cultural y científica llegue hasta el ser humano. Para lograr esta aspiración se concretaron áreas de resultados claves y los objetivos estratégicos asociados.

Los antecedentes de la actividad informativa en el sector educacional en la provincia de Ciego de Ávila requieren de una pronta investigación científica.

Con el advenimiento de las TIC algunos teóricos pensaron en la desaparición del maestro en sentido general y del bibliotecario en particular como guías y facilitadores del proceso de aprendizaje de los estudiantes. Contrariamente a esa idea esgrimida por los que pretenden arrasar con el rostro de los pueblos, destruyendo la indiosincracia y las culturas nacionales, se precisa de profesionales cultos integralmente para enfrentar con éxito la formación y desarrollo de la ciudadanía.

El bibliotecario del sector educacional ha de desempeñarse como Maestro de la información, rediseñando su misión "educar con la información y para la información" con el propósito de lograr aprendizajes independientes en los usuarios de la comunidad pedagógica.

Actualmente se generan grandes volúmenes de información, que pueden conducir a resultados negativos, tanto por su cantidad como por la calidad; por lo que exige del ciudadano un necesario filtro para separar lo útil e interesante de lo superficial o manipulado, es decir, el ciudadano debe contar con los conocimientos y habilidades suficientes, a la vez que manifieste una actitud crítica para seleccionar la que es relevante y someterla a valoraciones, para utilizarla con diversos propósitos

Ha de educarse a los ciudadanos para discriminar aquella información que se comunica matizada por intereses económicos y políticos desde la perspectiva neoliberal, y para que estén conscientes de esa realidad, con el fin de contraponerse a los criterios manipuladores de los que la manejan y difunden.

Según Rodríguez Milián.../et al/ en Maestría en Ciencias de la Educación : Mención en Educación Técnica y Profesional: Módulo III: segunda parte, (p.26) los centros de la Educación Técnica y Profesional por su encargo social, de formar profesionales deben vincularse estrecha y continuamente a la producción y los servicios, al avance científico – tecnológico de manera que se compulsen a realizar su labor con más eficiencia, es decir, garantizar una preparación de excelencia que permita la asimilación de los avances y utilizarlos creadoramente en el desempeño laboral en su contexto de actuación. Ante este reclamo los docentes de este subsistema deben educar en un proceso que se caracteriza por ser multifactorial y complejo, que tiene en cuenta a varios factores de influencia en el proceso de socialización: la escuela, la familia, la comunidad, etc. considerando a cada integrante del colectivo pedagógico como ser biopsicosocial históricamente determinado.

Por ello, el bibliotecario escolar que se desempeña en la ETP, como recurso humano de trascendental importancia, que interactúa con alumnos y docentes para llevar a cabo el desarrollo de una cultura informacional, está llamado a ser activo participante en dicho proceso, en el que la información - el conocimiento - la inteligencia en función de las particularidades de esta educación son factores claves.

Las transformaciones educacionales, y las que se operan en la ETP (VER ANEXO 1) exigen en la práctica pedagógica, de un bibliotecario escolar para este sector capaz de transformarse y a su vez transformar su entorno.

La proyección del trabajo del SIED, desde el 2005 centra su atención en la preparación y evaluación del trabajo de los bibliotecarios orientándose a los macro componentes de la profesionalización (Maestro de la información—Apoyo a la docencia) (Gestor de Información—Promotor de cultura).

Se insiste en la incorporación a investigaciones en el sistema y el apoyo a otras investigaciones educativas, la gestión de diferentes fuentes de información para el desarrollo del proceso de enseñanza-aprendizaje, el desarrollo de habilidades en la utilización de información para aprender y enseñar el qué y el cómo hacer, así como la animación a la lectura, como estímulo y motivación para comprender el conocimiento acumulado.

El modelo actuante de bibliotecario escolar presenta limitaciones para cumplir con la aspiración de ser maestro de la información y contribuir decisivamente a las transformaciones. En RM-81/06 se esboza el modelo profesional para este trabajador teniendo como tareas y ocupaciones las siguientes:

"El Bachiller Técnico en Bibliotecología y Técnicas Documentarias, requiere ser un profesional con disposición para servir de algo a los demás, con capacidad para interpretar las necesidades informativas, con mentalidad abierta, flexible y que permita comprender las aspiraciones que poseen otros con sus servicios. Será capaz con su preparación teórica y práctica, de enfrentar los cambios que se produzcan en la dinámica de las bibliotecas y centros de información del país, acordes con las transformaciones que tienen lugar en la Educación y con los cambios que se dan en el mundo de la información, por ello, se debe trabajar objetivamente no solo lo técnico, sino también lo social, lo ideológico y lo cultural, que les permita sobre la base de una sólida preparación general integral y profesional básica, en aquellos procesos de gestión y recuperación de la información, que se pueden presentar en cualquier soporte en que esta se encuentre, de manera que le permita enfrentar los problemas de su profesión, analizar la solución y ejecutar las actividades con independencia y creatividad..."(p. 96)

Gestiona, clasifica, procesa, almacena y divulga la información de su biblioteca o centro de documentación, así como la necesaria a sus usuarios, organiza la información en correspondencia con las normas establecidas y los intereses de la institución a la que sirve, procesa toda la información que gestiona y adquiere.

Aplica la computación para su desempeño profesional, aplica las técnicas en la restauración y conservación de los documentos, procesa datos e informaciones mediante la aplicación de técnicas de computación, mantiene actualizado el archivo de la documentación según las normas establecidas, atiende y orienta a los usuarios según las necesidades de estos, presta y facilita los documentos requeridos por los usuarios siempre que sea factible y llenando la documentación requerida, proyecta servicios en función de las necesidades e intereses de los usuarios del centro, hace de la biblioteca un centro de investigación bibliográfica.

Es flexible y tiene una actitud positiva ante los cambios, es un educador, que a la vez de suscitar el gusto por la lectura, inculque los hábitos de investigación (bibliográfica o informática) y las actitudes de cuidado y de respeto hacia todo tipo de documento, sabe buscar nuevas oportunidades dentro y fuera de la biblioteca.

Sabe planificar y trabajar en equipo para extraer el mejor provecho de los recursos de información, las instalaciones y los servicios de la biblioteca, tiene habilidades para la comunicación, es un estudioso permanente y está comprometido con el desarrollo de su especialidad, conoce las temáticas de interés para su organización y sus usuarios, sabe evaluar las necesidades de información, así como diseñar y promocionar servicios y productos que satisfagan las necesidades de sus usuarios, sabe desarrollar habilidades para evaluar y utilizar la información en cualquier soporte en que esta se encuentre, brinda una imagen profesional nueva y abarcadora, que genera un ambiente de franqueza y confiabilidad.

Los docentes llamados a ser maestros de la información presentan limitaciones en su desempeño al concebirse la orientación y dirección del proceso de formación, superación y evaluación como un técnico de apoyo a la docencia y no como un docente con potencialidades para promover cambios sustantivos en la calidad del proceso de enseñanza aprendizaje desde la información como un recurso educacional.

También la ausencia de un modelo teórico en el que de manera dialéctica se integren las competencias de este profesional, puede haber incidido en la preparación para un desempeño profesional exitoso.

A partir de este análisis se infiere que el modelo actuante posee limitaciones en la concepción de las tareas y funciones, al no dejar esclarecida la dinámica de las competencias para el maestro de la información, considerándose por la autora que la función principal es la educar con la información y para el uso de esta, por lo que la preparación aún no logra proyectarse en función de la satisfacción de las necesidades de estos educadores, trayendo como consecuencia que el nivel de compromiso e implicación necesarios para la formación integral del estudiantado de la ETP no se manifieste plenamente.

1.2. LAS COMPETENCIAS DEL BIBLIOTECARIO ESCOLAR PARA EL DESEMPEÑO Y SU CONTRIBUCIÓN A LA CULTURA GENERAL INTEGRAL DE LA COMUNIDAD DE USUARIOS. (VER ANEXO 11)

El acelerado desarrollo de la sociedad, demanda un bibliotecario escolar, profesional de la información de educación, cada vez más calificado capaz de enfrentar los retos que le imponen no sólo el propio desarrollo social, sino también el de las Ciencias de la Información en nuestros tiempos.

La información, como proceso y producto se ha situado en el centro del desarrollo económico científico y social, teniendo en cuenta su relación con el aprendizaje, el conocimiento y la inteligencia. Estratégicamente no sólo permite conocer, sino también interpretar, adelantarse y adaptarse a un ambiente continuamente cambiante. La teoría sobre el modo de actuación del colectivo de autores del ISP "Manuel Ascunce", constituye el sustento fundamental para el perfeccionamiento de las competencias del bibliotecario escolar, con la finalidad de que se manifiesten en su desempeño profesional.

Se considera prudente una concepción en las que se integren como contenidos los componentes: conceptual, procedimental, motivacional y actitudinal para la preparación de los citados trabajadores. Se particularizan y redimensionan los contenidos del modo de actuación y el modelo del profesional de la especialidad Bibliotecología y Técnicas Documentarias en función de su preparación.

Atendiendo a que la actividad pedagógica es el tipo particular de actividad desarrollada por los docentes para la educación de los alumnos y que se concreta en la práctica a través del sistema de relaciones que establece el docente con los componentes personales y personalizados del proceso docente educativo en los contextos de actuación y con otros factores, se proponen seis direcciones principales aglutinando y enriqueciendo el contenido esencial de las funciones de este docente reflejadas en la RM – 81/06 (p. 96 – 97)

Para el cumplimiento de dichas funciones el bibliotecario escolar del sector educacional (ETP) desarrolla su actividad en seis direcciones: la gestión de la información y del conocimiento (función gestora), la actividad de planificación o función metodológica (Pla …/et al/, 2005), la educación de usuarios (función docente educativa), la actividad de interacción social o función social (Pla … /et al/,2005) , la actividad de perfeccionamiento lo función investigativa (Pla … /et al/,2005), la actividad con las TIC o función tecnológico – informativa.

La actividad del bibliotecario escolar por su complejidad, al ser un docente especialista en información para la educación, requiere un saber, un saber hacer, deseos de hacer y saber ser (conocimientos, habilidades, motivaciones y actitudes)

Las funciones antes mencionadas necesitan de la formación y desarrollo de competencias profesionales para un desempeño eficiente del bibliotecario escolar de la ETP: Competencia gestora de la información y del conocimiento. Competencia de diseño del proceso. Competencia comunicativa – orientadora. Competencia investigativa. Competencia social. Competencia para el uso y manejo de las TIC.

Las competencias profesionales como configuraciones psicológicas de la personalidad no se forman y desarrollan de manera lineal, teniendo en cuenta la apropiación de los contenidos, sino que por su complejidad pueden considerarse un producto del desarrollo psicológico resultante de los nexos dialécticos que conllevan al desarrollo individual.

CARACTERIZACIÓN DE LAS COMPETENCIAS PROFESIONALES

COMPETENCIA GESTORA DE LA INFORMACIÓN Y DEL CONOCIMIENTO

Es la configuración psicológica de la personalidad que designa la idoneidad del bibliotecario escolar para la obtención de la información: selección, adquisición, procesamiento técnico e intelectual, almacenamiento, recuperación y diseminación de la información y el conocimiento; insistiendo en la actualización sistemática de los contenidos inherentes a la labor educativa.

Componentes de la competencia:

1. Conocimientos sobre la gestión de la información y del conocimiento

- Conocimientos sobre la política educacional
  - ✓ Transformaciones y prioridades
  - ✓ Sistema de trabajo político – ideológico
  - ✓ Resoluciones y circulares
  - ✓ Currículo de la biblioteca escolar
- Conocimientos sobre la misión del SIED
- Conocimientos sobre las funciones del bibliotecario en el sector
- Conocimientos sobre la teoría de la información (Pla …/el al/, 2005)
  - ✓ Conocimientos sobre el ciclo de vida de la información
- Conocimientos sobre los estudios de usuarios.
- Categorías psicológicas: intereses, motivos, necesidades, aspiraciones, vivencias afectivas, motivación)
- Conocimientos sobre las potencialidades y posibilidades de otras instituciones de información
  - Conocimientos sobre las características de las distintas fuentes de Información y los formatos en que puede presentarse ésta
  - Conocimientos sobre las vías para la obtención de la información y el conocimiento (Pla …/et al, 2005)
  - Conocimientos sobre productos y servicios tradicionales y automatizados
  - Conocimientos de vías para evaluar la satisfacción de las necesidades formativas e informativas de los usuarios de la comunidad pedagógica

- Conocimientos sobre el funcionamiento de los procesos cognoscitivos y los componentes de la competencia para su autorregulación, autoperfeccionamiento y autoevaluación (Pla .../et al/, 2005)
- Conocimientos idiomáticos (inglés)

2. Habilidades para la gestión de la información y el conocimiento

- Saber identificar las prioridades informativas en razón de las exigencias educacionales
- Saber orientarse en las diversas instituciones de información
- Saber formular solicitudes de productos y servicios, por distintas vías, a otras instituciones
- Saber identificar las fuentes informativas y de conocimientos pertinentes para la unidad de información
- Saber seleccionar las fuentes de información atendiendo a las características de la comunidad pedagógica
- Saber utilizar las vías de adquisición de la información
- Dominar idioma inglés para mayores posibilidades en la recuperación de la información
- Saber procesar la información, tanto técnica como intelectualmente, contenida en los diversos soportes

  ✓ Registrar
  ✓ Habilitar físicamente
  ✓ Catalogar
  ✓ Clasificar
  ✓ Indizar
  ✓ Resumir
  ✓ Reseñar
  ✓ Evaluar

- Saber registrar las fuentes de conocimientos (personales)
- Saber almacenar la información (activo y pasivo) contenida en los distintos soportes
- Saber realizar estudios de usuarios en la comunidad pedagógica

  Determinación de las necesidades formativas e informativas

  Registrar las necesidades

  Segmentar los grupos de usuarios

  Jerarquizar (establecimiento de prioridades

- Saber recuperar la información, en cualquier formato y por cualquier vía, atendiendo a las necesidades y demandas de la comunidad pedagógica

  Trazar estrategias de búsqueda

- Saber diseminar la información por distintas vías

- Saber elaborar productos informativos con valor añadido (análisis crítico)

- Saber determinar el producto y/o el servicio para la satisfacción de las necesidades y demandas de los usuarios

- Saber evaluar el impacto de las prestaciones en la calidad del proceso pedagógico

3. Motivación por la gestión de la información y el conocimiento

   - Disposición constante para trabajar con la información y el conocimiento

   - Satisfacción por cubrir con eficiencia las necesidades formativas e informativas de los usuarios de la comunidad pedagógica

   - Orgullo por su realización como profesional, dada la importancia de su labor para el éxito del proceso docente educativo.

- Aspiración a ser mejor cada día en la gestión de la información y el conocimiento y autosuperarse técnica y culturalmente
- Actitudes asociadas a la competencia gestora
- Actualizado
- Sistemático en el esfuerzo por el dominio de la cultura
- Estudioso
- Amante de la lectura
- Observador
- Escudriñador
- Mente ágil
- Dinámico
- Organizado
- Selectivo
- Oportuno
- Responsable
- Laborioso
- Buscador incansable
- Perpetuo insatisfecho

En esta competencia se dan de manera integrada los conocimientos, las habilidades y los hábitos para la gestión de la información y el conocimiento considerando por la autora como elemento fundamental la relación dialéctica entre lo cognitivo, lo afectivo motivacional y lo actitudinal manifestado en su desempeño profesional en la diversidad de contextos en los que interactúa el bibliotecario del sector educacional para la obtención de la información en las distintas fuentes y formatos con el propósito de situarla a punto para ser utilizada con distintos fines.

El desarrollo de esta competencia implica estar en condiciones de según (Ponjuan, s.a.) "obtener la información adecuada, en la forma correcta, para la persona indicada, al costo adecuado, en el tiempo oportuno y en el lugar apropiado" .para ser utilizada en el proceso docente educativo.

COMPETENCIA DE DISEÑO PARA LA SATISFACCION DE NECESIDADES

Se asume como la configuración psicológica de la personalidad referida a la idoneidad del bibliotecario escolar para la planificación creadora en función de satisfacer las necesidades formativas e informativas de la comunidad pedagógica y su entorno. Incluye el diagnóstico, caracterización, categorización, clasificación de dichas necesidades, así como la selección y diseño de: productos y servicios, estrategias de comunicación y la evaluación de la calidad de estos.

Componentes de la competencia:

1. Conocimientos sobre diseño

- Conocimientos generales sobre diseño curricular (Pla.../et al/, 2005)

- Conocimientos sobre la planificación de estudios de usuarios.

- Conocimientos sobre el diseño de productos y servicios bibliotecarios.

- Conocimientos sobre el diseño de actividades de educación de usuarios, incluidas las del currículo e la biblioteca escolar.

- conocimientos sobre elaboración de estrategias de trabajo para la recuperación de la información y el conocimiento.

- Conocimientos sobre la elaboración de estrategias para la comunicación y para la evaluación de los productos y servicios.

- Conocimientos sobre el desarrollo de habilidades de diseño, su potenciación, autoperfeccionamiento y autoevaluación.

1. Habilidades para el diseño del proceso.

- Saber diseñar estudios de usuarios

- Saber diagnosticar y caracterizar las necesidades formativas e informativas de los usuarios.

- Saber clasificar y jerarquizar las necesidades.

- Saber seleccionar las fuentes de información para la preparación de productos y servicios, teniendo en cuenta las potencialidades de estas.

- Saber diseñar carpetas de productos y servicios para la satisfacción de las necesidades formativas e informativas de los usuarios de la comunidad pedagógica.

- Saber diseñar estrategias de búsqueda y recuperación de la información y el conocimiento.

- Saber planificar estrategias de comunicación con los usuarios.

- Saber planificar la evaluación de la satisfacción de las necesidades a partir de la carpeta de productos y servicios diseñada.

- Saber diseñar actividades de educación de usuarios, así como para dar respuesta al currículo de la biblioteca escolar.

- Saber determinar la estructura didáctica de las actividades de educación de usuarios y su relación contextual.

- Saber derivar, determinar y formular objetivos formativos en concordancia con el diagnóstico, programas (currículo) y actividades de educación de usuarios.

- Saber seleccionar y estructurar los contenidos desde una concepción holística en que lo cognitivo, lo valorativo y lo vivencial sean considerados teniendo en cuenta los propósitos, necesidades e intereses de los usuarios y del centro docente.

- Saber planificar, orientar, ejecutar y evaluar la actividad de concursos como resultado de la interacción con la información y su conversión en conocimiento.

- Saber diseñar la estrategia de trabajo de la unidad de información.

- Saber trabajar en equipo.

2. La motivación para el diseño del proceso.

- Sentirse estimulado por la actividad de diseño del proceso infoeducativo

- Sentirse estimulado hacia el diseño de actividades contenidas en el currículo de la biblioteca escolar.

- Sentirse comprometido con la calidad de los productos y servicios diseñados para la optimización del proceso docente educativo.

- Disponerse al perfeccionamiento del diseño del proceso infoeducativo.

3. Cualidades para esta competencia

- Creador (Pla, 2003)
- Imaginativo (Pla, 2003)
- Organizado (Pla…/et al/, 2005)
- Intuitivo
- Observador
- Flexible
- Soñador

El del bibliotecario escolar en el contexto pedagógico precisa del desarrollo de la competencia de diseño para estar en condiciones de diagnosticar las necesidades formativas e informativas de los usuarios teniendo en cuenta el grado de desarrollo alcanzado por estos tanto en conocimientos como en habilidades para el acceso, procesamiento y uso de la información. La selección de los contenidos atendiendo a todas sus potencialidades y sus limitaciones, para de manera integrada y contextualizada elaborar productos informativos con valor añadido considerando la diversidad de fuentes; la determinación de los tipos de servicios en correspondencia con las características de la unidad de información, de sus usuarios y los recursos de que se dispone son habilidades a desarrollar.

Para el logro de la competencia se necesita del desarrollo de habilidades didácticas en las que la planificación de las actividades destinadas tanto a la comunidad pedagógica (estudiantes y docentes) como al entorno social: determinar la estructura didáctica de las actividades de educación de usuarios y su relación contextual a partir de los objetivos trazados en concordancia con el diagnóstico, currículo y exigencias sociales; la dinámica de las actividades a través de métodos y formas organizativas adecuadas con las que se potencie el desarrollo del hábito lector a través de la consulta de información significativa para el usuario.

El desarrollo de esta competencia requiere del desarrollo de los componentes actitudinal y emocional - afectivo

COMPETENCIA COMUNICATIVA

Es la configuración psicológica de la personalidad referente a la idoneidad del bibliotecario escolar para la interacción consciente y dinámica con la comunidad pedagógica y la sociedad, en función del proceso de gestión de la información y el conocimiento y de la educación de usuarios en los diversos contextos de actuación de este docente.

Componentes de la competencia:

1. Los conocimientos sobre la comunicación.

Se asume por la autora íntegramente lo abordado por el colectivo de autores del ISP "Manuel Ascunce Domenech" en este aspecto.

- Dominio sobre la teoría de la comunicación educativa.
- Conocimientos sobre los contextos comunicativos, sus características.
- Conocimientos psicopedagógicos sobre los sujetos de la comunicación educativa.
- Conocimientos sobre el desarrollo de los procesos comunicativos y los componentes de la competencia para su autorregulación, autoperfeccionamiento y autoevaluación.

Y añade:

- Dominio sobre la diseminación de la información y el conocimiento, así como las vías para lograrlo.

1. **Las habilidades**

- Saber orientar y motivar a los usuarios hacia el intercambio de información y conocimientos entre colegas propiciando el interaprendizaje y el intra- aprendizaje.

- Saber diseminar la información y el conocimiento a las diversas categorías de usuarios.

- Saber preparar a los usuarios para que se conviertan en difusores de información puntual en los diferentes contextos de actuación.

- Saber crear un ambiente favorable en torno al acceso y uso de la información y el conocimiento como contribución al desarrollo exitoso de proceso de enseñanza aprendizaje.

- Saber crear las condiciones necesarias, para que los usuarios se apropien de los contenidos, utilizando las fuentes y métodos acorde con las necesidades de éstos (educación de usuarios y currículo de la biblioteca escolar)

- Saber motivar a los usuarios por la lectura y por el uso de la información y el conocimiento para propiciar su desarrollo personal y social.

- Saber conducir el proceso de asimilación de los usuarios propiciando la orientación, comprensión y evaluación a través de la autoevaluación, coevaluación y heteroevaluación con la permanente atención individual y grupal.

- Saber preparar información (oral, escrita, gráfica, digitalizada) para la satisfacción de las necesidades formativas e informativas de los usuarios.

- Saber comunicar información y conocimientos relevantes a las necesidades derivadas de los estudios de usuarios realizados.

- Saber interactuar con el resto de los docentes para el logro del objetivo común (la formación integral de las actuales y futuras generaciones)

- Saber comunicarse de modo adecuado tanto escrita, oral, como corporal atendiendo al contexto y la situación específica.

- Saber analizar los resultados del trabajo de gestión de la información y los conocimientos, de la educación de usuarios, y elaborar informes con la calidad requerida.

- Saber comunicar en los órganos técnicos y de dirección los resultados del proceso de gestión de la información y el conocimiento y de la formación de usuarios utilizando las TIC.

- Saber establecer relaciones de intercambio informativo y de conocimientos con otras instituciones y personalidades, que propicie el flujo informativo.

- Saber persuadir y orientar a los usuarios para la participación en los concursos.

- Saber escuchar a los usuarios y propiciar que se expresen libremente.

- Saber determinar cuándo el usuario necesita ayuda para la interacción con la información o con los portadores de esta y del conocimiento.

2. **La motivación**

- Disposición para la conducción del proceso de comunicación infoeducativa con los usuarios.

- Orgullo como profesional con el logro de la comunicación con calidad de productos informativos y en la conducción de actividades de educación de usuarios, incluidas las del currículo de la biblioteca escolar.

- Sentir placer al recuperar información y conocimientos pertinentes y comunicarlos al usuario.

- Disposición hacia la dinamización de la actividad de concurso.

- Sentir placer por la lectura.

- Mostrar disposición para servir a los demás.

- Aspiración al perfeccionamiento continuo del proceso de comunicación infoeducativa en los diversos contextos de actuación.

3. **Actitudes asociadas a la competencia comunicativa:**

- Inquisitivo
- Laborioso
- Amante de la profesión bibliotecaria
- Audaz
- Solícito
- Persuasivo
- Paciente

Y se asumen

- Comunicador
- Afable
- Respetuoso
- Empático

Esta competencia se manifiesta en la capacidad del bibliotecario para la interacción con las diversas categorías de usuarios, expresada en el proceso: elaboración de comunicaciones escritas, gráficas, digitalizadas para la satisfacción de las necesidades formativas e informativas de los usuarios, así como su expresión oral, gestual y corporal al establecer una relación empática con los integrantes de la comunidad que pedagógica, teniendo como premisa la utilización de la información y el conocimiento con fines educativos. Es la concreción del proceso.

COMPETENCIA PARA EL USO DE LAS TIC

Es la configuración psicológica que designa la idoneidad del bibliotecario escolar para el uso y manejo de las TIC en aras de posibilitar y potenciar el proceso de gestión de la información y los conocimientos, diseño de servicios, elaboración de productos a partir de la evaluación de la información, su comunicación con los usuarios, así como la investigación científica en función del proceso de aprendizaje de la comunidad pedagógica.

Componentes de la competencia:

1. Los conocimientos

- Dominar la teoría sobre tecnología educativa
- Dominar los conceptos y principios básicos de las TIC
- Conocimientos sobre las potencialidades de las TIC para elevar la calidad del proceso de aprendizaje.
- Conocimientos sobre las potencialidades de las TIC para la gestión de la información y/o los conocimientos.
- Conocimientos sobre los contenidos de los educativos disponibles.

2. Las habilidades

- Saber utilizar las TIC para la gestión de la información y el conocimiento y hacer uso de ellas.
  - ✓ Selección, adquisición y descarte.
  - ✓ Procesamiento técnico e intelectual.
  - ✓ Almacenamiento y conservación.
  - ✓ Evaluación de la pertinencia de la información y/o el conocimiento.
  - ✓ Recuperación de la información y el conocimiento.

✓ Diseminación selectiva de la información.

- Saber diseñar productos y servicios utilizando las TIC.

- Saber utilizar las TIC en el proceso investigativo, como ejecutor y facilitador de este.

- Saber asesorar a los usuarios en el uso y manejo de la información utilizando de forma eficiente las TIC para contribuir al desarrollo de la cultura informacional.

- Saber utilizar las TIC en la concepción y ejecución de actividades de educación de usuarios, incluidas las del currículo de la biblioteca escolar.

- Saber evaluar el impacto de las TIC en los resultados de la unidad de información.

   . Cantidad y calidad de los servicios.

   . Calidad del aprendizaje organizacional y de la
comunidad pedagógica.

- Saber y trabajar en equipo con el resto de los docentes y con expertos en el uso de las TIC para el intercambio de las mejores experiencias y el autoperfeccionamiento continuo.

- Saber comunicarse, utilizando las TIC, con fuentes personales, instituciones de información y usuarios de la comunidad pedagógica.

- Saber utilizar la computadora y manejar archivos.

- Saber usar los procesadores de textos

- Saber usar la hoja de cálculo (para listados, gráficos y otros)

- Saber elaborar utilizar bases de datos.

- Saber diseñar documentos y presentaciones gráficas.

- Saber estimular en los usuarios el uso de la información desde una perspectiva analítica.

- Saber elaborar página Web y contenido para ella, en función del proceso docente educativo

3. Motivación

- Motivado por el perfeccionamiento continuo de la actividad bibliotecaria.

- Satisfacción personal por la calidad de los servicios a partir de la utilización de las TIC en función del proceso docente educativo, incluyendo el currículo de la biblioteca escolar.

- Disposición constante a laborar en el desarrollo de la cultura informacional de los usuarios.

4. Actitudes

- Creativo
- Innovador
- Dinámico
- Crítico
- Responsable

Esta competencia refleja en el accionar sistemático del bibliotecario escolar en aras de elevar la calidad del proceso docente educativo al propiciar la integración de los contenidos a partir del manejo eficiente de los recursos electrónicos y digitales (Web, CD- Room, Software y otros) y los presentados en formatos tradicionales para facilitar el aprendizaje de los usuarios. Incluye las habilidades de localización, selección, procesamiento, almacenamiento, conservación – descarte, recuperación de la información y el conocimiento para la evaluación de la pertinencia y su posterior diseminación o difusión.

En esta dimensión es esencial el desarrollo de la capacidad para el uso y manejo de las TIC que se manifiesta en la interacción con los medios para poner al alcance de los usuarios la información y el conocimiento evaluado. Debe primar el espíritu crítico de este docente y demostrar su fortaleza de principios al acceder a diversas fuentes procedentes en ocasiones, de sitios, cuyo contenido difiere de la ideología en la que se sustenta la Revolución Cubana.

De gran importancia resulta el desarrollo de las habilidades del bibliotecario escolar para fomentar la cultura informacional de los usuarios de la comunidad pedagógica, expresada en acciones desde la localización de la información y el conocimiento, a través de los diferentes sistemas de búsqueda, hasta su utilización para la generación de nuevos conocimientos, su presentación–comunicación.

COMPETENCIA INVESTIGATIVA

Es la configuración psicológica de la personalidad del bibliotecario escolar referida a la idoneidad para el perfeccionamiento de su desempeño en función de contribuir a la optimización del proceso docente educativo a través de la actividad científica, la que presupone el tránsito desde la identificación de la problemática con la exploración de la realidad hasta la introducción de los resultados en la práctica con el inevitable surgimiento de nuevas situaciones problémicas, así como su accionar en investigaciones bibliográficas para propiciar el desarrollo de la actividad por la comunidad de usuarios.

Componentes de la competencia

1. Conocimientos

> Dominio de las tendencias de la política científica internacional, nacional y territorial, programas nacionales y ramales, proyectos y problemas territoriales de educación.

> Dominio de la teoría de la Metodología de la Investigación Educativa y de sus paradigmas.

> Dominio de conocimientos sobre cómo ocurren y se desarrollan los procesos investigativo y de los componentes de la competencia investigativa para su autoevaluación. autorregulación y

autoperfeccionamiento.

➢ Dominio de la metodología de la investigación bibliotecológica y sus tendencias actuales.

2. Habilidades

Como investigador del entorno educativo, se asume lo expresado por el colectivo de autores del ISP ¨Manuel Ascunce Domenech¨

Saber explorar la realidad educativa con enfoque investigativo.

➢ Observar científicamente la realidad para determinar las contradicciones entre la situación de ésta y el estado deseado para el desarrollo.

➢ Determinar de las causas esenciales de las contradicciones reveladas.

➢ Identificar la problemática.

➢ Búsqueda, procesamiento y análisis crítico del estado de desarrollo de la ciencia y su implementación real en la concepción de la práctica, en relación con la problemática identificada.

➢ Determinar las limitaciones del conocimiento para dar solución a la problemática identificada.

➢ Formular el problema científico en relación con las limitaciones del conocimiento para la solución de la problemática identificada.

a. Saber planificar la actividad científico investigativa.

➢ Elaborar documento de proyectos de investigación y desarrollo.

➢ Elaborar proyectos educativos de experiencias pedagógicas de avanzada.

➢ Elaborar proyectos de financiamiento para la investigación.

➢ Elaborar el diseño teórico y metodológico de investigación para temas, tareas dentro de proyectos o Tesis de Grado, Maestría y Doctorado.

Determinar el objeto de la investigación.

Determinar los objetivos de investigación.

Determinar el campo de acción de la investigación.

Determinar los supuestos hipotéticos.

Determinar las variables conceptuales de la investigación y operacionalizarla.

Determinar las tareas de investigación.

Determinar la población y la muestra.

Determinar los métodos y técnicas de investigación.

Diseñar instrumentos necesarios y suficientes para poner en práctica los métodos.

Determinar anticipadamente los resultados de la investigación.

Determinar los recursos necesarios para la obtención y la introducción de los resultados.

Determinar los tiempos necesarios para la obtención de los resultados. (Cronograma de trabajo)

Determinar anticipadamente las formas y vías para la introducción en la práctica de los resultados.

b. Saber ejecutar el proceso de investigación.

➢ Ejecutar las tareas planificadas.

➢ Ejecutar el presupuesto asignado al proyecto.

➢ Controlar los recursos asignados al proyecto.

d. Saber procesar la información obtenida con la aplicación de los métodos.

➢ Seleccionar, asumir, sistematizar, redimensionar los antecedentes de la información científica acumulada a través de métodos y técnicas del nivel teórico.

➢ Procesar estadísticamente los datos empíricos (categorizar, codificar, tabular y ordenar en tablas y gráficos).

➢ Valorar cuantitativa y cualitativamente los datos.

➢ Interpretar los datos en correspondencia con la teoría.

➢ Producir nuevos conocimientos teóricos en el contexto de las ciencias de la educación.

➢ Formular conclusiones.

- ➢ Formular recomendaciones.
e. Saber comunicar los resultados de la actividad científica.
   - ➢ Elaborar el informe escrito, con un lenguaje claro y accesible, de los resultados de la actividad científica-investigativa.
   - ➢ Elaborar ponencias, artículos científicos, paquetes tecnológicos, materiales docentes, libros con los resultados para ser divulgados por diferentes vías.
   - ➢ Exponer oralmente, en eventos, conferencias, etc., los resultados de la investigación.
   - ➢ Intercambiar puntos de vistas con otros investigadores.
f.- Saber Introducir y generalizar los resultados en la práctica educativa.
   - ➢ Acreditar la propiedad intelectual de los resultados científico – técnicos.
   - ➢ Ejecutar las acciones planificadas para la introducción de los resultados científico – técnicos.
   - ➢ Tramitar las certificaciones de la introducción en la práctica de los resultados científico – técnicos.
   - ➢ Ejecutar el presupuesto asignado para la introducción de los resultados.
   - ➢ Controlar los recursos asignados para la introducción de los resultados.
   - ➢ Asesorar a los directivos en el proceso de generalización de los resultados científico – técnicos.

Como facilitador para la generación de nuevos conocimientos

- • Saber identificar las fuentes del conocimiento en el entorno.
- • Saber identificar las potencialidades del currículo de la biblioteca escolar para la formación de los estudiantes hacia el perfeccionamiento de la actividad que desempeñan y desempeñarán.
- • Saber identificar los líderes del conocimiento en la comunidad pedagógica y fuera de ella.

- Saber multiplicar los líderes del conocimiento.

- Saber utilizar el conocimiento y la información internos y externos para facilitar el proceso investigativo.

- Saber establecer las vías y divulgar los nuevos conocimientos generados

- Saber establecer vínculos con fuentes personales y organizaciones productoras de conocimientos afines a la comunidad pedagógica.

- Saber establecer mecanismos para la captación de los resultados del proceso investigativo.

- Saber comprobar la pertinencia del conocimiento y la información gestionados para la actividad investigativa.

- Saber evaluar las investigaciones realizadas por otros.

3. Motivación

- Disposición para el perfeccionamiento de la actividad bibliotecológica en función del proceso docente educativo.

- Satisfacción y orgullo por la contribución a la calidad de la educación por la acción facilitadota y ejecutora del proceso investigativo.

- Satisfacción por la contribución del currículo de la biblioteca escolar a la formación investigativa de los estudiantes.

- Regocijo por la pertinencia del conocimiento y la información gestionados para el proceso investigativo.

- Aspiración al mejoramiento de la actividad científica teniendo como premisa la sistematicidad en su preparación.

- Disposición al trabajo en grupos.

4. Actitudes para la competencia

- Indagador
- Perfeccionista de su labor
- Perenne insatisfecho
- Observador
- Incansable lector
- Renovador
- Pensamiento flexible
- Exigente consigo y con los demás
- Honesto
- Independiente
- Socializador
- Apegado a la ética

El bibliotecario escolar debe desarrollar la capacidad investigativa en dos vertientes: como gestor de la información y el conocimiento, en la que se perfila como facilitador de la actividad científico – investigativa de sus usuarios y de sí mismo; y como generador de nuevos conocimientos para la solución de las problemáticas propias de su desempeño docente a partir de su actividad gestora.

Este profesional precisa constancia en la búsqueda, indagación y renovación en su labor cotidiana para incidir de manera transformadora, desde la biblioteca escolar, en la calidad del proceso docente educativo.

COMPETENCIA SOCIAL

Es la configuración psicológica de la personalidad expresada en la idoneidad del bibliotecario de Educación para la interacción social, erigiéndose como ejemplo en su proceder en los diferentes contextos de actuación siempre utilizando la información adecuada en función del proceso infoeducativo.

Componentes de la competencia

1. Conocimientos, se asumen de manera íntegra los abordados por el colectivo de autores del ISP ¨Manuel Ascunce Domenech¨ y se incluyen otros.

- ➤ Dominio de la teoría y la metodología del trabajo social.
- ➤ Conocimientos sobre los contextos de la escuela, la familia, la comunidad. Sus características.
- ➤ Conocimientos sobre el funcionamiento de las organizaciones políticas, de masas, estudiantiles, gubernamentales.
- ➤ Conocimientos sobre la teoría y metodología de la dirección científica de la sociedad y de la educación.
- ➤ Dominio del desarrollo de los procesos sociales y de su interacción personal en los mismos, su autorregulación, autoperfeccionamiento y autoevaluación.

Se incluyen:

- • Conocimientos sobre el papel de la información en la educación de la sociedad y el desarrollo.
- • Conocimientos sobre los antecedentes de la actividad bibliotecaria en el país, la provincia y el municipio.
- • Conocimientos sobre el comportamiento de la actividad bibliotecaria y su contribución al desarrollo social.
- • Dominio de las competencias profesionales del bibliotecario del sector educacional.
- • Conocimientos sobre la política trazada por el Estado Cubano.

2. Habilidades

- ➤ Saber orientar y motivar a los sujetos del desarrollo social hacia objetivos colectivos, para el bien de toda la comunidad y la sociedad en general.
- ➤ Saber organizar y conducir actividades en la escuela y en la comunidad para propiciar la educación ciudadana.

- Saber dirigir (planificar, organizar, conducir, colectivos de personas en el cumplimiento de tareas que permitan el perfeccionamiento de los procesos en los que se desarrollo la educación de los alumnos y demás sujetos que intervienen en el mismo.
- Saber dirigir y orientar el trabajo de las organizaciones políticas, de masas, estudiantiles, gubernamentales que propicien un ambiente adecuado a la educación de los alumnos y demás ciudadanos de la comunidad.
- Saber aprender de su práctica.
- Saber aceptar las limitaciones de sus propias explicaciones.
- Saber abrirse a comprender otros puntos de vista.
- Saber superar el dogmatismo y el esquematismo.
- Saber reflexionar cuidadosamente sobre las consecuencias de su acción en lo personal, intelectual y sociopolítico.

Se incluyen

- Saber apreciar el entorno.
- Saber identificar las necesidades formativas e informativas de la familia y de la comunidad donde interactúa el educando (ambiente escolar) así como donde reside el propio bibliotecario.
- Saber ofrecer la información adecuada para satisfacer las necesidades informativas y formativas en la comunidad.
- Saber utilizar las unidades de información o fuentes de conocimiento de la comunidad en función de la educación de sus miembros.
- Saber compulsar a los miembros de la comunidad hacia el uso de la información y de los conocimientos en aras de su perfeccionamiento como ciudadanos.
- Saber estimular a los miembros de la comunidad hacia la lectura.

- Saber planificar y ejecutar actividades donde se promueva la reflexión en torno a temas puntuales de la sociedad.
- Saber crear un ambiente propicio y de reconocimiento a la labor bibliotecaria.

3. Motivación para la interacción social

- Sentirse estimulado por la contribución de su labor a la sociedad.
- Sentirse orgulloso al ser abordado, en cualquier contexto, para la atención a problemas informacionales.
- Sentimiento de compromiso con la actividad bibliotecaria como contribución al perfeccionamiento de la educación en particular y de la sociedad en general.
- Sentirse estimulado hacia su autoperfeccionamiento constante como profesional.
- Sentirse orgulloso de su profesión al apreciarla como vía de crecimiento profesional y personal.
- Sentirse orientado hacia el éxito en su desempeño social.
- Sentirse dispuesto a enfrentar los cambios en el orden social con un pensamiento flexible y divergente.

4. Actitudes para la interacción social del bibliotecario escolar

- Promotor cultural.
- Liderazgo.
- Solidario.
- Persuasivo.
- Empático.
- Perceptivo.
- Ejemplo como ser humano revolucionario.

La interacción social, o la denominada actitud prosocial a criterio del Dr. Héctor Valdés, 2003 exige del bibliotecario escolar la preparación para su actuación en los diversos contextos en que se manifiesta su accionar como ser social: familia, escuela, comunidad y lugar de residencia contribuyendo también con la fuerza de su ejemplo al perfeccionamiento y continuidad del proceso educativo.

Ha de ser puntual, combativo y participativo en las tareas emanadas de las organizaciones políticas y de masas con optimismo revolucionario, dispuesto a enfrentar las transformaciones, demostrando sus valores humanos en la promoción de la información y en la coordinación y/o realización de actividades que contribuyan al logro de la cultura general integral que se pretende.

Para desempeñarse exitosamente el bibliotecario de la ETP necesita conocer los fundamentos científicos del proceso de enseñanza-aprendizaje, así como la contribución de la información a este proceso y a la vida en general. Debe ser un docente que conduzca desde el acceso y uso de las diversas fuentes el desarrollo y la apropiación de conocimientos, sentimientos, vivencias, emociones, convicciones y valores.

- Conocimientos
- Habilidades
- Motivaciones
- Actitudes

1.3. LA PREPARACIÓN DEL BIBLIOTECARIO ESCOLAR: MAESTRO DE LA INFORMACIÓN

La información encontrada acerca de la formación de los bibliotecarios escolares durante el período prerrevolucionario, específicamente, se limita a una Resolución Ministerial de julio de 1950 en la que aborda la necesidad de organizar e impartir "cursillos de perfeccionamiento para bibliotecarios de centros docentes secundarios y especiales, dependientes de la Superintendencia General de Segunda Enseñanza". Este curso se impartió como mínimo técnico. No se conoce si se impartieron otros.

La precaria situación del país, en todos los órdenes, especialmente en la educación hace presuponer que no se presentaron propuestas, ni se realizaron acciones para preparar a los bibliotecarios en ejercicio ni a otros para garantizar una fuerza laboral calificada.

A pesar de que la preparación de los trabajadores de todos los sectores ha constituido una prioridad de Estado Cubano es limitada la información sobre el tema de la preparación para el desempeño de este profesional.

La formación y superación del bibliotecario escolar del sector educacional se asumió por el Ministerio de Educación, el Ministerio de Cultura y el IDICT, como consecuencia de la heterogeneidad estructural de la actividad informativa en el sector educacional: Centros de Documentación e Información Pedagógica (en todas las instancias), Buroes de Información (en los Institutos Politécnicos) y la red de Bibliotecas Escolares, cuya unificación ocurre en el curso escolar 91-92 bajo la dirección del Sistema de Información para la Educación (SIED)

La temática ha sido abordada en escasas fuentes impresas y digitalizadas, no obstante, la revisión de estas permitió recopilar algunos elementos valiosos para esta investigación.

Se pudo constatar que abundan las reflexiones sobre la necesidad de preparación del bibliotecario escolar y del técnico en información, sobre las características de la formación y superación, y en sentido general la historicidad de la temática, en algunos casos con mayor profundidad que en otros.

Alfonso y Rojas (1993) se refieren a la creación, por el Ministerio de Educación, del Departamento Nacional de Bibliotecas Escolares en 1960 responsabilizándose a este con la creación, fomento y desarrollo de las bibliotecas escolares y la organización de actividades destinadas a orientar y capacitar al personal (maestro o maestro bibliotecario) para un mejor desempeño de sus funciones, coincidiendo con lo expuesto por Izquierdo desde 1978.

Esta temática también se plasmó con anterioridad por Fernández Abril, 1971 reseñando la atención que se dedicaba a la formación del personal que atendería la actividad en las escuelas. Además describió parte del quehacer en ese sentido: "Primeramente se adiestró a maestros primarios de las escuelas donde se creaba la biblioteca. Estos maestros trabajaban simultáneamente en el aula y en la biblioteca escolar. Se capacitaron 150 maestros en "Uso y manejo de la biblioteca escolar", mediante cursos de 45 días y en 1964 se ensayó un plan de estudios según modelo de países socialistas, y se comenzó un curso de estudios por correspondencia.

En 1965, los maestros bibliotecarios que se habían preparado para desempeñarse en las escuelas abandonaron masivamente y constituyó un reto la preparación de un personal heterogéneo tanto por el nivel de escolaridad como por su capacidad.

Por su parte Izquierdo y Rojas (1978) en "la biblioteca escolar en la escuela primaria" plasmó la determinación del inicio de cursos cortos para la formación de bibliotecarias escolares en ejercicio en la educación primaria, como consecuencia del desarrollo de esta se necesitaba independizar la actividad bibliotecaria.

M. Alfonso, en su tesis de maestría (2005) realizó precisiones sobre un cursillo, en Camagüey en 1966, a personas que atendían algunas bibliotecas secundarias con el objetivo de iniciar el servicio bibliotecario organizado en las escuelas con condiciones. No se mencionan los contenidos tratados.

También manifiesta la realización de cursos de superación a maestros bibliotecarios por correspondencia que se mantuvieron hasta el 67.

En 1968, a decir de Ruiz, A. se creó una comisión con la finalidad de analizar el estado de los servicios informativos a nivel de país. Como resultado del trabajo realizado se pudo conocer que había diferencias en relación con la preparación para el desempeño profesional, manifestándose en la no existencia de escuelas formadoras de documentalistas, se improvisaba el personal que atendía los llamados centros de documentación e información, en las escuelas de bibliotecarios la matrícula era mínima y los programas de formación de personal para el servicio de información no respondían a las nuevas técnicas utilizadas en el trabajo informativo.

El Departamento de Bibliotecas Escolares del MINED mantuvo su preocupación por la preparación de los bibliotecarios escolares y en el Primer Congreso de Educación y Cultura recomienda, entre otras cuestiones, que se tenga en cuenta la inclusión de los recursos, las prioridades de desarrollo, calidad de los servicios y capacitación del personal, así como "que se perfeccionen los actuales planes de emergencia de formación y superación de bibliotecarios escolares, de manera que incluyan, junto a los aspectos técnicos los aspectos académicos e ideológicos."

En el propio congreso se abordó la necesidad de concebir al bibliotecario escolar como un profesional de la información, incluyéndose en su formación estudios sobre bibliotecología, resaltando como imperativo la superación cultural unida a la técnica.

Por su parte la Dirección Nacional de Centros de Documentación e Información Pedagógica, perteneciente al Ministerio de Educación, refiere que se inició en el curso 70 – 71 la superación para el personal técnico de estos centros en toda la red. En esos momentos se consideraba la capacitación como sinónimo de superación y ambos términos eran utilizados indistintamente.

A mediados de la década del 70 se inicia la formación regular de Bibliotecarias Escolares, con ingreso de noveno grado, en las escuelas pedagógicas donde recibían la formación inicial, y al graduarse podían continuar superándose en la Licenciatura en Información Científico- Técnico y Bibliotecología o en Educación, especialidad Español - Literatura, en los Institutos Superiores Pedagógicos.

Con la formación inicial, asumida en las pedagógicas y el plan de titulación por estudios dirigidos se sentaron las bases de la especialización de los bibliotecarios escolares para enfrentar junto a los demás docentes las demandas del Plan de Perfeccionamiento del Sistema Nacional de Educación. .

Es obvio que en las condiciones de perfeccionamiento en el sector se precisaba de mayor preparación de los docentes en general para el enfrentamiento a las exigencias curriculares para tributar a la formación integral de la personalidad.

En las consultas realizadas, se pudo apreciar que durante los 80 se mantuvo el proceso de formación de forma irregular y ello indicó la decisión de asumir la preparación de los bibliotecarios por cada provincia atendiendo a las necesidades.

Alfonso, 2005 expresa en su tesis de maestría la caracterización de los noventa en lo que a proceso de formación se refiere, enfatiza en el análisis de los programas de los Ministerios de Cultura y Educación, decidiéndose finalmente que cada Ministerio asumiera la formación de sus profesionales. También señala 1995 como el año en que la Dirección de la Enseñanza Técnica y Profesional del MINED comenzó a atender la formación de bibliotecarios con nivel medio superior para el ingreso.

Por otra parte Acosta,1998 reconoce que en la década del 90 ante los desafíos del Período Especial, se produce el proceso de transformación hacia la biblioteca popular del tercer milenio, sin perder las raíces, manteniendo los principios martianos y la herencia revolucionaria se hacía necesario insertarse en el mundo, donde el bibliotecario a la vez que continúe el apoyo a las tareas ideológicas y educativas sea capaz de conjugar las nuevas tecnologías de la información, con las técnicas y métodos bibliotecarios.

Con el advenimiento del nuevo siglo, se hizo necesario el perfeccionamiento en el sector educacional y el SIED no ajeno a este, aprueba en el 2003 un nuevo plan de estudios para la formación de bibliotecarios escolares, estableciendo el ingreso con 12mo y con 9no grados para estudiar la especialidad, estos últimos combinan las asignaturas de la especialidad con las propias de bachillerato y al concluir unen a este la calificación como especialistas.

El análisis de los programas y planes de estudio para la formación se ha mantenido con la finalidad de la actualización con las nuevas tendencias de las Ciencias de la Información, responsabilizándose a los ISP con la superación del personal bibliotecario.

La formación de bibliotecarios de nivel medio, se hacía por lo general por parte del Ministerio de Cultura y la Dirección de Formación de Personal Pedagógico del Ministerio de Educación, asumía la formación de los bibliotecarios escolares como personal docente de nivel medio. Al pasar toda la formación de personal docente a ser de nivel superior, lo que unido a la necesidad de unificar los diferentes planes y programas de estudio, que se venían desarrollando por distintas instituciones que formaban técnicos de nivel medio en bibliotecología y las crecientes demandas de personal para el sistema de bibliotecas escolares, se responsabilizó a la Educación Técnica y Profesional, con la preparación del personal bibliotecario de nivel medio. Para ello se diseñó el plan de estudio para preparar a estudiantes de 12mo grado como Técnicos Medio en Bibliotecología y Técnicas Documentarias, mediante la Resolución Ministerial 137/95, el cual posteriormente se modificó para su ingreso también con nivel de 9no grado por la Resolución 78/2003.

En estos momentos, se cuenta en todas las provincias con institutos politécnicos, donde se estudia esta especialidad para satisfacer no sólo las altas demandas de las bibliotecas escolares, sino también de organismos y empresas ante la llamada sociedad de la información. Estos especialistas tienen el encargo social, no solo de compilar la información impresa o digitalizada, sino también de gestionarla y hacerla llegar a quienes la necesitan, además de tener una ardua tarea en la preparación de los usuarios para que accedan y utilicen este elemento indispensable para la vida social actual que es la información.

En la actualidad el SIED brinda especial atención a la profesionalización del bibliotecario escolar, potenciándolo en un área de resultado clave en el que se pretenden alcanzar cambios significativos en estos docentes.

En el actual contexto, en que la esencia deshumanizadora de las fuerzas hegemónicas de estos tiempos se propone borrar el rostro de los pueblos al imponer su cultura para un reinado universal de un modelo único sin alternativas, y que la información que se genera supera al consumo produciéndose una sobrecarga en los sistemas, el trabajador de la información (bibliotecario, técnico, especialista) debe contribuir consciente y decisivamente al desarrollo de la cultura general integral del hombre en esta sociedad socialista.

La cultura informacional, entendida como preparación para operar con la información y producir la suya, es un componente imprescindible de la cultura general del individuo. Para ser más precisos, se alcanzará una cultura informacional cuando el hombre pueda orientarse en las fuentes de la información, encontrarla, distinguiendo la que realmente necesita, lograr su procesamiento, extraer de ella lo necesario para la vida; y en algunos casos producir la propia: artículos científicos, informes de investigación, libros, materiales de divulgación, respuestas a tareas docentes.

El bibliotecario escolar del sector debe superarse continuamente con el propósito de contribuir a la preparación del individuo hacia una actitud científica que implica prepararlo para desarrollarse en una época donde el conocimiento y la inteligencia adquieren un valor insospechado, guiándolo para penetrar en el complejo mundo de la información, enseñándolo a no convertirse en un ente enajenado sino a seleccionarla de manera consciente para ser utilizada inteligentemente en un proceso de transformación mutuo.

La asunción de las necesarias transformaciones educacionales en la ETP y las limitaciones en la preparación del trabajador de la información del sector no le permiten su desempeño exitoso, lo que constituye un gran desafío. Ellos son, conjuntamente con el resto de los docentes, una fuerza valiosa para dar respuesta con su contribución activa al logro de una cultura general integral en el los integrantes de la comunidad pedagógica.

La formación de este docente se ha sustentado básicamente en los planes de estudio para técnicos medios en información científica y bibliotecología y los de Licenciatura en Español- Literatura y Humanidades por el otro. En el primer caso responde a una preparación técnica limitada al mantener la concepción tradicional de adquisición, procesamiento, almacenamiento, recuperación de la información y prestación de servicios, con algunos elementos de psicopedagogía.

En el 2003 se redimensionó el currículo, incrementándole contenidos tendientes al desarrollo de la cultura general de los egresados, por su parte en la Licenciatura si bien amplían su horizonte cultural no les prepara en la dirección y ejecución de la actividad científico-informativa.

Lo que evidentemente influye en su desempeño profesional, entendido este como "la expresión concreta de las competencias profesionales traducidas en capacidades del bibliotecario escolar en un ambiente pedagógico determinado"

Por lo que se precisa de capacitación en la que se consideren las competencias profesionales de este trabajador como docente- maestro gestor de la información y del conocimiento tanto en lo cognitivo – instrumental, lo afectivo – motivacional como en lo actitudinal.

CAPÍTULO II: ESTRATEGIA DE CAPACITACIÓN PARA EL PERFECCIONAMIENTO DEL DESEMPEÑO PROFESIONAL DE LOS BIBLIOTECARIOS ESCOLARES DE LA ETP EN LA PROVINCIA DE CIEGO DE ÁVILA.

2.1 Diagnóstico del estado de la preparación de los bibliotecarios escolares de la ETP en la provincia de Ciego de Ávila.

La fuerza laboral, bibliotecarios escolares, que se desempeñan en la ETP se caracteriza por ser muy heterogénea; el 38,7% Técnicos Medio en Información Científica y Bibliotecología, entre tanto, poseen la doble condición de maestros primarios – Técnicos Medio en Información Científica y Bibliotecología 12,9%; mientras que el 22,6% es Técnicos Medio en la especialidad además de poseer el título de Licenciados en Educación y el 3,2% es Técnicos Medio en Información Científica y Bibliotecología y licenciado en la propia especialidad ; el 9,7% de 12 grado; un 6,5% es maestro primario y el mismo porciento es Licenciado en Educación.

En la búsqueda de las causas que influyen en la preparación del bibliotecario escolar en esta educación para desempeñarse acorde a las exigencias actuales se constata en los resultados de los instrumentos aplicados: encuestas a directivos, encuesta a docentes, entrevista a bibliotecarias escolares (VER ANEXOS 2,3,5) que estos docentes eran tenidos en cuenta por las estructuras de dirección y otros docentes, en el mejor de los casos, para la confección de murales, cuidado de grupos, traslado de estudiantes hacia instituciones culturales, entre otras, apoyando el proceso docente educativo.

Mayoritariamente se considera a este trabajador como atesorador y facilitador de documentos impresos, prestando servicios tradicionales y sin condiciones para promover cambios importantes en su organización, por limitaciones en sus competencias profesionales al carecer de un modelo concebido en este sentido, que permita orientar hacia la preparación de este trabajador.

En la revisión de los planes de estudio para la formación inicial y la experiencia a partir de la práctica pedagógica se ha determinado que los que actualmente ejercen en la ETP egresaron en su mayoría antes del 2002, sin la preparación sobre las nuevas tendencias de las Ciencias de la Información y de las Ciencias Pedagógicas.

Consta que en la provincia y en cada municipio se elaboraron las estrategias de trabajo del SIED, en su revisión se aprecian numerosas acciones de superación dirigidas a la preparación en cuestiones técnicas de procesamiento y almacenamiento de la información, orientaciones para la impartición de actividades y en algunos casos demostraciones al respecto. En tres municipios se había concebido el Diplomado de Gestión de la Información, impartido en la provincia en el 2003.

En la revisión de los certificados de evaluación de estos docentes se aprecian como regularidades las siguientes: la superación no constituye una prioridad para el desarrollo profesional y personal de estos; así mismo la investigación científica como vía para el perfeccionamiento de la actividad pedagógica no se sugiere.

Como resultado de la triangulación de la información obtenida a partir de los instrumentos aplicados (encuestas a directivos y docentes, y entrevista personal a bibliotecarios escolares de la ETP, y a responsables de SIED a instancias municipal y provincial, (VER ANEXOS 2,3,5,6,7) se pudo determinar que: existen imprecisiones en el conocimiento de la misión y las funciones del bibliotecario escolar de la ETP. Han sugerido que para impactar positivamente con su accionar la Educación Técnica y Profesional se precisa de un local de trabajo con el equipamiento necesario en cuanto a medios audiovisuales, las TIC e insertarse con mayor celeridad en el trabajo metodológico de los centros.

Mayoritariamente expresan que poseen los conocimientos, las habilidades, las motivaciones y las actitudes necesarias para promover cambios significativos en su esfera, aunque con posterioridad en el resultado de visitas realizadas por las instancias municipales y provinciales se pudo apreciar que es insuficiente la preparación de estos docentes para enfrentar las transformaciones de la ETP.

Con el análisis, de la encuesta aplicada a estos trabajadores para su autoevaluación (VER ANEXO 4) y a los responsables de sistema para que los evaluaran se apreció la existencia de limitaciones en:

- Conocimientos sobre productos y servicios tradicionales y automatizados, planificación de estudios de usuarios, los contextos comunicativos y sus características, el desarrollo de los procesos comunicativos, la Metodología de la Investigación Bibliotecológica y sus tendencias actuales, los antecedentes de la actividad bibliotecaria en el país, la provincia y el municipio y las TIC.

- Habilidades en la recuperación de la información en cualquier formato y por cualquier vía, atendiendo a las necesidades y demandas de la comunidad pedagógica; la diseminación de la información por distintas vías, el diseño de estudios de usuarios, la clasificación y jerarquización de las necesidades, el diseño de carpetas de productos y servicios para la satisfacción de las necesidades formativas e informativas.

- También mostraron carencias en las habilidades y hábitos para el diseño de estrategias de búsqueda y recuperación de la información y el conocimiento, la planificación de estrategias de comunicación con los usuarios, la planificación de la evaluación de la satisfacción de las necesidades formativas e informativas, a partir de la carpeta de productos y servicios diseñada.

- Habilidades para estructurar de manera didáctica las actividades de educación de usuarios y su relación contextual, habilidades para seleccionar y estructurar los contenidos desde una concepción holística, para preparar a los usuarios como difusores de la información y para el análisis del trabajo de gestión de la información y los conocimientos y la elaboración de informes de calidad.

- Habilidades para el uso de las TIC y para el perfeccionamiento de la realidad educativa con enfoque investigativo en su doble condición de facilitador y ejecutor del proceso.

Para contribuir a la solución de esta problemática se sugiere una estrategia de capacitación para el perfeccionamiento de la preparación los bibliotecarios escolares de la ETP teniendo en cuenta los conocimientos y habilidades deprimidos de las competencias para la gestión de la información y del conocimiento, la comunicación, las TIC y la metodología de la investigación educativa y bibliotecológica. La estrategia redunda en la preparación de estos docentes para un mejor desempeño.

2.2 Fundamentos que sustentan la estrategia de capacitación de los bibliotecarios escolares de la ETP.

Se asume como estrategia el concepto presentado en Pedagogía 2003, "...la dirección pedagógica de la transformación de un objeto desde su estado real hasta un estado deseado. Presupone por tanto, partir de un diagnóstico en el que se evidencia un problema y la proyección y ejecución de sistemas de acciones intermedias, progresivas y coherentes que permitan alcanzar de forma paulatina los objetivos propuestos. El plan general de la estrategia debe reflejar un proceso de organización coherente unificado e integrado, direccional, transformador y sistémico, (...) debe poseer una fundamentación, partir de un diagnóstico, plantear un objetivo general del cual se deriva la planeación estratégica, su implementación y evaluación". y capacitación según Martha Margarita López Ruiz,1997 "es el proceso que utiliza un procedimiento planeado encaminado a modificar conductas, comportamientos y aumentar destrezas".

La estrategia de capacitación que se propone pretende a partir del diagnóstico determinar las carencias y potencialidades en la preparación de estos docentes proyectar, ejecutar acciones progresivas y coherentes que posibiliten el acercamiento de preparación actual del bibliotecario escolar hacia la preparación ideal para un desempeño eficiente, en un corto período de tiempo.

Los doctores Nerelys de Armas Ramírez, Josefa Lorence González y José Manuel Perdomo Vázquez (2003), precisan algunas definiciones del término estrategia al concebir la misma como: "la manera de planificar y dirigir las acciones para alcanzar determinados objetivos a largo, mediano y corto plazo y la adaptación de acciones y recursos necesarios para alcanzarlo son elementos claves para llevar a cabo la estrategia, definen que el propósito de toda estrategia es vencer dificultades con optimización de tiempo y recursos, que ésta permite conocer qué hacer para transformar la acción existente e implica un proceso de planificación que culmina en un plan general con misiones organizativas, metas, objetivos básicos a desarrollar en determinado plazos con recursos mínimos y los métodos que aseguren el cumplimiento de dichos metas".

En la conceptualización de estrategia de capacitación para perfeccionar la preparación de bibliotecarios escolares se tuvieron en cuenta los criterios de autores de reconocido prestigio científico y profesional en la temática de estrategia (Pozo, 1998; Castellanos Simons, 2001; Ruiz, 2001, de Armas y Gutiérrez, 2003; González González, 2006) y la elaborada por la autora de la tesis que la define como: **"sistema de acciones estrechamente interrelacionadas que permitirán la satisfacción de las necesidades de capacitación de los bibliotecarios escolares, que parte del diagnóstico de necesidades y la preparación de los mismos, de la determinación de un objetivo general, los plazos para su ejecución, y las acciones que la conforman serán controladas y evaluadas sistemáticamente para transformar la realidad existente desde un estado real a uno deseado".**

Se han seguido los criterios expuestos en el curso 85 del Congreso de Pedagogía 2003, donde se precisa que una estrategia debe tener una fundamentación, partir de un diagnóstico, plantearse un objetivo general del que se deriva la planeación estratégica, su instrumentación y evaluación (de Armas, 2003)

Fundamentos filosóficos: la teoría del materialismo dialéctico e histórico sustenta la propuesta de capacitación al considerar al hombre en general y al bibliotecario del sector educacional como un ser bio-psico-social, producto histórico social marcado por la educación como fenómeno histórico-social y clasista desde su origen como ser humano hasta hoy, transitando por las distintas formaciones económico – sociales con sus rasgos característicos. Permite explicar teóricamente el proceso del conocimiento, la relación causa efecto esencialmente entre los fenómenos sociales y los que particularmente se suscitan en el ámbito educacional con precisiones en la preparación de los docentes.

Fundamentos psicológicos: desde el punto de vista psicológico, está sustentada en la Teoría Histórico Cultural, al proyectar la transformación de la preparación para el desempeño del bibliotecario de educación. Se tomaron como elementos fundamentales de la teoría de L. S. Vigotsky lo concerniente al proceso de mediación, el de interiorización y exteriorización, la relación educación – desarrollo, la relación de lo cognitivo y lo afectivo, y zona de desarrollo actual y zona de desarrollo próximo.

La mediación, según el autor, es la interacción que se produce entre el sujeto y los objetos, pudiendo ser estos otros sujetos, en la que se produce una transformación mutua mediada por condicionamientos socioculturales en un contexto histórico social determinado. El bibliotecario escolar de la ETP participa en este proceso por la interacción con la información y con los usuarios de la comunidad pedagógica.

La capacitación que se propone le concede a estos docentes una participación activa en el proceso de la actividad, a partir del diagnóstico de las limitaciones y potencialidades particulares de cada bibliotecario escolar de la ETP, las funciones que están en el proceso de maduración, así como, los espacios de socialización para superarlos y ayudarlos a que alcancen escalas superiores de desenvolvimiento.

La estrategia fue concebida para propiciar un ambiente favorable hacia la realización de las acciones, diseñadas teniendo presente el diagnóstico de las necesidades, potencialidades, motivos e intereses de estos docentes.

Fundamentos sociológicos: se sustenta en la concepción de la educación como fenómeno social, que tiene como propósito la preparación del hombre para la vida, y en la interacción con el medio donde se transforma al transformar el mismo.

El bibliotecario escolar independientemente de su labor profesional en la ETP interactúa en diversos contextos de manera activa, en el que ocurre un proceso de objetivación y subjetivación de los contenidos sociales, destacándose su papel como educador, protagonista de ese proceso.

Actualmente las unidades de información enmarcadas en centros docentes, y en especial en los educacionales se erigen como los centros culturales más importantes de la comunidad, es por ello que la estrategia que se propone incluye la estrecha vinculación con los agentes educativos de la sociedad: comunidad, familia, organizaciones y en esa dinámica alcanzar el reconocimiento institucional y social de la profesión por su importancia en tiempos de transformaciones.

Esta estrategia de capacitación se diseñó para tributar a la realización personal de los docente dedicados a la actividad científico – informativa en la ETP. en la medida en que se genere satisfacción y placer por su superación, por enseñar a aprender con la información y para la información, por aprender a aprender, y contribuir a la preparación para la vida de los usuarios de la comunidad pedagógica.

Fundamentos pedagógicos: se asume como presupuesto teórico la formación y desarrollo integral de la personalidad de los bibliotecarios escolares y la importancia de su actividad como docentes – maestros de la información para el proceso docente educativo, considerando la información un recurso valioso en la preparación integral de los seres humanos.

Los presupuestos teóricos de Álvarez de Zayas, 1999 sobre la organización y estructuración del proceso docente educativo relacionado con la vida, constituyen elementos valiosos, máxime cuando el recurso información es un elemento a considerar en todos las actividades que desarrolla el hombre "sin información no hay soluciones a problemas, ni investigaciones, ni creación, ni decisión, ni crítica. Sin información no hay aprendizaje" (Álvarez, R.M., 1997)

La estrategia responde a las condiciones reales de la preparación de los bibliotecarios escolares de la ETP en la provincia de Ciego de Ávila para enfrentar las transformaciones educacionales que se suceden, reafirmándose el enfoque histórico cultural asumido por la autora.

Las leyes de la Pedagogía se tuvieron presentes en la propuesta al relacionar el proceso docente educativo con el contexto social, y al establecer la relación entre los componentes del proceso: personológicos y personalizados.

La estrategia de capacitación debe tener en cuenta el enfoque integral, sistemático (Pla, 2000) de los componentes del proceso pedagógico para ello se tiene en cuenta:

❖ El diagnóstico integral como un proceso; en el que se tiene en cuenta el nivel de desarrollo real y potencial del bibliotecario escolar de la ETP en lo individual y grupal, las limitaciones de los mismos y qué factores influyen o limitan el desarrollo en la realización de sus funciones.

❖ Un objetivo integrador donde se integren el sistema de conocimientos, de habilidades, intencionalidad educativa, nivel de asimilación, de sistematicidad, de independencia, de profundidad, las vías y fuentes que emplearán los mismos para alcanzar el objetivo propuesto.

❖ La selección del contenido y de sus fuentes, teniendo en cuenta el diagnóstico y el objetivo a alcanzar. Debe formar parte del contenido todo lo relacionado con la teoría y la metodología de la información para la educación, lo relacionado con la dimensión conceptual, procedimental, actitudinal, motivacional afectiva, las experiencias y vivencias acumuladas en la actividad info educativa.

❖ La metodología a emplear debe garantizar la valoración de la actividad del maestro como orientador, como mentor, las funciones sociales, sus habilidades, capacidades, su conducta en la vida y en la escuela, debe permitir el papel dinámico entre los integrantes del grupo, se debe lograr un enfoque personológico a partir de la unidad de lo afectivo y lo cognitivo y la autorregulación del comportamiento a partir de la aplicación del contenido seleccionado.

❖ Las formas de organización serán variadas, predominarán como tendencia general los talleres en los que se efectuarán los intercambios desprejuiciados, los encuentros interactivos, los debates, se asume la tarea docente como célula básica del proceso de enseñanza aprendizaje donde se concretan los objetivos que se esperan alcanzar, independientemente de ser un recurso de ejecución es, ante todo, soporte motivacional y de orientación donde se tuvo en cuenta que las actividades fueran variadas.

❖ La evaluación se concibe como un componente integrado al desarrollo de las tareas docentes.

Se tienen en cuenta los procedimientos para la evaluación en los distintos talleres según el Dr. Rodolfo Gutiérrez Moreno en el material titulado: La Evaluación en la Revolución Educacional, Problemas, Reflexiones y Propuestas, en el que se explicita acerca de la autoevaluación, coevaluación y heteroevaluación; también se utilizan PNI (positivo-negativo-interesante). La evaluación se concibió realizarla de manera sistemática a partir del desarrollo de cada taller.

2.3 Estrategia de capacitación (VER ANEXO 15)

Se caracteriza por partir del diagnóstico, el diseño de acciones integradas, coherentes, jerárquicas, interrelacionadas con un objetivo integrador y que pretende elevar los niveles de preparación para el desempeño de los bibliotecarios escolares de la ETP.

Objetivo general de la estrategia: Capacitar a los bibliotecarios escolares de la ETP de la provincia de Ciego de Ávila para el perfeccionamiento de su desempeño profesional.

En la concepción se tienen en cuenta tres etapas con las acciones correspondientes.

PRIMERA ETAPA. Preparación de las condiciones previas

Acción #1. Análisis de la teoría existente sobre la modelación del ideal de desempeño de este trabajador.

Acción #2. Redimensionamiento del ideal, teniendo en cuenta lo conceptual, procedimental, motivacional y actitudinal; de conjunto con los responsables del SIED a nivel provincial y municipales.

Acción #3. Diagnóstico de la situación real de la preparación, desde la concepción del maestro de la información ideal.

- Elaboración de instrumentos.
- Aplicación de los instrumentos y análisis de los resultados.
- Determinación de las regularidades derivadas del diagnóstico.
- Determinación de limitaciones y potencialidades de estos docentes en cuanto a su preparación.

Acción #4. Elaboración del ciclo de talleres teniendo en cuenta las regularidades y potencialidades detectadas, así como los componentes personalizados del proceso docente educativo en su dinámica interna.

SEGUNDA ETAPA. Capacitación de los bibliotecarios escolares de la ETP.

Acción #1. Desarrollo de talleres a través del intercambio de criterios, experiencias y la reflexión, en aras de apropiarse de la concepción acerca de las competencias de los bibliotecarios escolares de la ETP como maestros de la información.

Acción #2. Demostración en la práctica de lo aprendido en los talleres como materialización de la adquisición de conocimientos, habilidades y modos de actuación del bibliotecario escolar de la ETP.

¿Por qué los talleres como forma organizativa seleccionada?

Se asumen el criterio de la Dra. Marta Martínez Llantada al considerarlos como forma de organización del proceso docente educativo, que debe tomar en consideración sus componentes (personales y personalizados), para la adecuada organización del trabajo a partir de los objetivos que se tracen y determinar los contenidos, métodos y medios a utilizar así como las formas de evaluación de los resultados.

El taller como forma organizativa del proceso docente debe orientarse a consolidar los vínculos entre la teoría y la práctica a partir de la reflexión que desarrollarán los sujetos del proceso en correspondencia con los objetivos concretos que se tracen y con los resultados del trabajo que se haya realizado tanto individual como grupal. Por tanto, los métodos que se utilicen debe ser problematizadores de manera que se contribuya, con la acción conjunta de los participantes, a lograr la vinculación indispensable entre la teoría y la práctica, y propiciar el desarrollo de las habilidades de aprender para toda la vida.

El trabajo en taller, propicia que los bibliotecarios escolares a partir de sus propias experiencias intercambien y socialicen la información, con espíritu de cooperación para facilitar los análisis y la toma de posiciones sobre cada tema en particular, es decir, que con esta forma organizativa se aprende haciendo, para lo cual es imprescindible el espíritu colectivo en el trabajo y que estén bien delineadas las funciones del guía y de los participantes del proceso como agentes de discusión y transformación en torno a la temática objeto de estudio, por ello, se requiere de una preparación previa por los participantes. Lo importante en el taller es la organización del grupo en función de las tareas que tienen como objetivo central " aprender en el grupo, del grupo y para el grupo"(Calzado, D 2000)

Ciclo de talleres

1. Intercambio inicial
2. El bibliotecario del sector educacional, y de la ETP ante los desafíos de un mundo cambiante.
3. Gestión de la información y el conocimiento
4. Comunicación educativa
5. Las TIC y el bibliotecario escolar de la ETP
6. El perfeccionamiento de la actividad bibliotecaria por la vía científica.
7. Hacia el logro de un profesional, maestro de la información competente en la ETP.   Vías para lograrlo.
8. Mi transformación para un desempeño eficiente.

TALLER # 1: Intercambio   inicial. Presentación de las participantes en los talleres utilizando técnicas participativas. Presentación del ciclo de talleres y sus particularidades. Creación de un ambiente favorable para la interacción de asistentes.

Objetivo: Propiciar un ambiente que facilite la cordialidad y el intercambio abierto con reflexiones sobre la actividad científico- informativa en los centros de la ETP , los retos y la disposición hacia el perfeccionamiento profesional y personal.

Método: observación, debates, intercambios.

Medios: presentaciones animadas, experiencias de los participantes.

Responsable: autora de la tesis.

Participantes: bibliotecarios escolares de la ETP.

Formas de evaluación: durante el desarrollo de la actividad, registrando las intervenciones.

Plazos para realizarlo: diciembre 06.

Orientaciones para la conducción: posterior al recibimiento y bienvenida a los participantes se les orientará por la facilitadora realizar la presentación con la utilización de técnicas participativas, teniendo en cuenta nombre y apellidos, centro, municipio, años de experiencia en el sector y en bibliotecas escolares, características de su personalidad, preferencias; lo que permite el conocimiento del grupo y un diagnóstico inicial en cuanto a la comunicación entre los participantes. Se presentará una panorámica del ciclo de talleres. Se indagará sobre las expectativas de los talleres ¿Qué se espera al concluir estos? Establecimiento del intercambio. Se ofrecen las orientaciones para la preparación del próximo taller oralmente y en carpeta de materiales digitalizados. Se les solicitará traer por escrito cómo quisieran ser como profesionales.

TALLER # 2. El bibliotecario escolar del sector educacional, de la ETP, ante los desafíos de un mundo cambiante.

Objetivo: profundizar en la misión, funciones y las competencias del bibliotecario escolar del sector educacional para enfrentar los retos, cambios y transformaciones del Sistema Educacional y del SIED.

Contenidos: exigencias educacionales, transformaciones en la ETP, misión del SIED, funciones del bibliotecario escolar de la ETP, competencias profesionales de este trabajador.

Método: observación, discusión grupal.

Medios: experiencias de los participantes, materiales impresos.

Responsable: autora de la tesis.

Participantes: bibliotecarios escolares de la ETP.

Formas de evaluación: registro de las intervenciones, valoración de la actividad a través de un PNI, lo positivo, lo negativo y lo interesante, donde se valore el cumplimiento de los objetivos propuestos.

Plazos para realizarlo: enero 07.

Orientaciones para la conducción: para garantizar la organización de la actividad, se explican los objetivos del taller y se presenta el tema a debatir, creando las condiciones para la emisión de criterios y la reflexión de cada participante sobre cómo conciben al bibliotecario escolar en el entorno educativo en tiempo de transformaciones y cuál es la realidad en tal sentido. Se facilitará el intercambio para escuchar propuestas de cómo debe actuar para realizar con efectividad esta actividad. Se debatirán:

- Transformaciones en la ETP. Modelo de Escuela politécnica.
- La misión del SIED.
- Las funciones del bibliotecario escolar en el sector educacional.
- Competencias del bibliotecario escolar en el sector educacional.
- Se seleccionará un registrador de incidencias que irá recopilando los juicios, opiniones, puntos de vistas e ideas en cuanto al bibliotecario escolar ideal y las limitaciones que aún se poseen para acercarse a este. La actividad es propicia para contribuir al cambio de mentalidad del bibliotecario escolar para enfrentar los actuales retos.

Con posterioridad se pasa al ordenamiento, interpretación y valoración de las intervenciones, lo que propiciará agrupar y agregar nuevos aspectos que podrían enriquecer el modelo del bibliotecario escolar para la educación.

TALLER #3. Gestión de la información y el conocimiento

Objetivo: Valorar de forma individual y grupal cómo debe asumirse la gestión de la información y del conocimiento por los trabajadores de la información de la ETP.

Contenidos: relación conceptual entre información-conocimiento- inteligencia, estudio de usuarios, productos y servicios, otras instituciones de información. Importancia de nexos de colaboración con estas, fuentes y formatos en que puedan aparecer la información y los conocimientos.

Métodos: intercambios, debates, dramatizaciones.

Medios: presentaciones animadas, experiencias de los participantes, materiales impresos y digitalizados.

Responsable: autora de la tesis.

Participantes: bibliotecarios escolares de la ETP.

Formas de evaluación: durante el desarrollo de la actividad y al finalizar a través de la autoevaluación, la coevaluación y de la técnica opinativa PNI.

Plazos para realizarlo: febrero 07.

Orientaciones para la conducción: el taller debe conducirse a partir de la dramatización de una situación real de gestión de la información y del conocimiento, con la que se propiciará el debate y la reflexión potenciando lo vivencial. Se facilitará el intercambio sobre la relación conceptual entre información-conocimiento- inteligencia   ¿Qué es la gestión de la información y el conocimiento? y ¿Cómo se ha realizado hasta la fecha? ¿A partir de los nuevos contenidos cómo la asumirán? Se llevará a la reflexión de la necesidad de los estudio de   usuarios para la caracterización de las necesidades formativas e informativas y de las potencialidades de estos con el propósito de ofrecer productos y servicios personalizados y con valor agregado.

 Se someterá a consideración de los asistentes las posibilidades de otras instituciones de información para   la satisfacción de necesidades en la comunidad pedagógica y la Importancia de nexos de colaboración con estas.

Se realizará   el intercambio sobre las fuentes y formatos en que pueden aparecer la información y los conocimientos teniendo como premisa el material impreso suministrado con anterioridad a partir de la siguientes interrogantes ¿en qué fuentes y formatos pueden aparecer la información y los conocimientos? ¿Qué fuentes y formatos se manejan comúnmente en los centros de la ETP? ¿es suficiente? ¿Qué proponen ustedes? ¿Tiene relación este tema con el proceso de comunicación?

Para el próximo taller se orienta traer una situación comunicativa donde ellos como docentes hayan tenido una activa participación para ofrecer   una solución a una necesidad informativa o formativa.

TALLER #4. La comunicación educativa

Objetivo: Valorar el papel de la comunicación en la efectividad del proceso en la ETP.

Contenidos: Conceptos. Características de la comunicación educativa en el proceso. Conocimientos psicopedagógicos sobre los sujetos de la comunicación educativa. La comunicación en el proceso de desarrollo de la cultura informacional.

Método: Discusión grupal, reflexión y debate.

Medios: presentaciones animadas, experiencias de los participantes.

Responsable: autora de la tesis.

Participantes: bibliotecarios escolares de la ETP.

Formas de evaluación: durante el desarrollo de la actividad, registrando las intervenciones.

Plazos para realizarlo: marzo 07.

Orientaciones para la conducción: El taller comenzará con el análisis de la situación docente orientada en el encuentro anterior, se desarrolla el debate a partir de la importancia de la comunicación para satisfacer las necesidades de formación e información de los usuarios, para ello se trabajarán los aspectos siguientes:

- Conceptos de comunicación. Precisiones sobre la comunicación educativa.
- Estilos de comunicación. Simulación de situaciones.
- Características de la comunicación educativa en el proceso infoeducativo. Conocimientos psicopedagógicos sobre los sujetos de la comunicación educativa.
- La comunicación en el proceso de desarrollo de la cultura informacional.

Los debates permitirán el diagnóstico individual y grupal del estado actual de la comunicación en el proceso y las reflexiones de los trabajadores de la información de educación al respecto.

Se les orientará para el próximo taller traer listadas las limitaciones que cada uno de ellos cree poseer para el uso de las TIC en lo personal y para hacer uso de ellas en el perfeccionamiento del proceso infoeducativo.

TALLER #5. Las TIC y el bibliotecario escolar de la ETP.

Objetivo: valorar la importancia de las tecnologías de la información y las comunicaciones para la optimización del proceso infoeducativo.

Contenidos: Las instituciones de información de la ETP y las TIC. Contribución a la calidad del proceso docente educativo. Paquete Microsoft Office. Software educativo para la ETP. Mensajería electrónica. Utilidad de estos recursos para la gestión del aprendizaje desde la unidad de información.

Método: observación, debates, intercambios.

Medios: presentaciones animadas, experiencias de los participantes, materiales impresos y digitalizados, computadoras.

Responsables: autora de la tesis y moderadora.

Participantes: bibliotecario escolar de la ETP.

Formas de evaluación: durante el desarrollo de la actividad, registrando las intervenciones.

Plazos para realizarlo: abril 07.

Orientaciones para la conducción: Se aprovechan las potencialidades del grupo, el que selecciona como moderadora del taller a una Licenciada en Educación. Especialidad de Informática; se somete a aprobación por el grupo previo consentimiento de la implicada.

Seguidamente la moderadora con la ayuda de la autora de la tesis recepciona las listas de las limitaciones declaradas por los participantes en cuanto al uso de las TIC. Se procede a agruparlas para la realización del debate, en el que se reflexiona en torno a los conocimientos, habilidades, motivaciones y actitudes para utilizarlas en la gestión, investigación, comunicación, en función de optimizar el proceso infoeducativo.

- Paquete Microsoft Office.
- Software educativo para la ETP.
- Mensajería electrónica. Utilidad de estos recursos para la gestión del aprendizaje desde la unidad de información.

Se aprovecha el taller para ofrecer alternativas metodológicas encaminadas al uso de las TIC desde la unidad de información.

Se indicará traer ideada para el taller siguiente la representación de una situación en su actuación, con la que el bibliotecario esté inconforme y desee solucionarla.

TALLER #6. El perfeccionamiento de la actividad bibliotecaria por la vía científica.

Objetivo: valorar la importancia de la investigación científica para el perfeccionamiento del proceso en la ETP.

Contenidos: Metodología de la investigación bibliotecológica y educativa. Similitudes y diferencias. Etapas de la investigación. Identificación de situaciones problémicas. Aproximación a la planificación de la investigación. Antecedentes de la actividad bibliotecaria escolar en el país y el territorio.

Método: observación, debates, intercambios, dramatizaciones, autorreflexión.

Medios: presentaciones, documentos impresos, experiencias de los participantes, trabajos de diploma de Técnicos - medio en Bibliotecología, proyectos de investigación de estudiantes de Licenciatura en Educación, pizarra.

Responsables: autora de la tesis y moderadora seleccionada por el grupo.

Participantes bibliotecarios escolares de la ETP.

Formas de evaluación: durante el desarrollo de la actividad, registrando las intervenciones. Se evaluará el proceso y los resultados al realizar una autoevaluación comparativa por cada uno de los participantes teniendo como premisa las siguientes interrogantes: ¿cómo estaba al iniciarse el taller? ¿cómo me siento al concluir este contacto con la temática?. Se aplicará un PNI.

Plazos para realizarlo: mayo 07.

Orientaciones para la conducción: el grupo selecciona como moderadora del taller a una Licenciada en Educación, Profesora del curso de formación de Bibliotecarias Escolares, se somete a aprobación por el grupo previo consentimiento de esta.

Seguidamente la moderadora con la ayuda de la autora de la tesis indagan sobre la realización de la actividad docente orientada en el taller anterior: la representación de una situación en su actuación, con la que el bibliotecario esté inconforme y desee solucionarla. Se invita a los participantes a un sorteo para de manera organizada ejecutar la representación de cada uno de ellos, y a partir de ellas se introducen las temáticas, enfatizando la importancia de la investigación científica para el perfeccionamiento del proceso.

- Metodología de la investigación bibliotecológica y educativa. Similitudes y diferencias.
- Etapas de la investigación.
- Identificación de situaciones problémicas.
- Aproximación a la planificación de la investigación.
- Antecedentes de la actividad bibliotecaria escolar en el país y el territorio.

Se indicará la presentación de la aproximación a un diseño teórico metodológico en el taller final, a partir de una problemática que se manifieste en su entorno de actuación y requiera de un nuevo conocimiento para su mejoramiento.

TALLER #7. Hacia el logro de un profesional, maestro de la información competente en la ETP. Vías para lograrlo.

Objetivo: demostrar cómo aplicar los contenidos teórico – metodológicos recibidos, en el perfeccionamiento del proceso infoeducativo en la ETP.

Contenidos: ejercicio integrador donde se ponga de manifiesto lo aprendido en el resto de los talleres, teniendo en cuenta los contenidos del modo de actuación para los bibliotecarios escolares.

Método: elaboración conjunta, observación, debates, intercambio de reflexiones.

Medios: presentaciones para la exposición de los diseños, experiencias de los participantes

Responsables: autora de la tesis y moderadora seleccionada.

Participantes: bibliotecarios escolares de la ETP.

Formas de evaluación: coevaluación y a través de un PNI.

Plazos para realizarlo: junio 07.

Orientaciones para la conducción: con el propósito de estimular la creación de una actitud científica en el bibliotecario se les invita a exponer la aproximación al diseño teórico metodológico para la posible solución a una problemática que se manifieste en su entorno de actuación y requiera de un nuevo conocimiento para su mejoramiento. Se realizan las precisiones necesarias para el desarrollo de la actividad, teniendo en cuenta la disposición de los participantes para iniciar. Se mantiene la moderadora del taller anterior, apoyada por la autora de la tesis. Al finalizar cada exposición se propicia el intercambio y la reflexión sobre la importancia de aprender para solucionar problemas de la vida.

Al término del taller se orienta para el próximo reflexionar sobre la contribución de la capacitación a la preparación de cada uno para el perfeccionamiento del proceso infoeducativo.

TALLER #8. Mi transformación para un desempeño eficiente.

Objetivo: valorar de forma individual y grupal cómo debe ser el maestro de la información en el contexto de la ETP y la contribución de la estrategia para lograrlo.

Contenidos: Contenidos del modo de actuación para los bibliotecarios escolares.

Método: Discusión, debate y reflexión.

Medios: material impreso creado por la autora con la contextualización del modo de actuación del docente al maestro de la información en el sector educacional, intercambio de reflexiones.

Responsables: autora de la tesis y moderadoras seleccionadas en talleres anteriores.

Participantes: bibliotecarios escolares de la ETP.

Formas de evaluación: autoevaluación, coevaluación y a través de un PNI.

Plazos para realizarlo: julio 07.

Orientaciones para la conducción: se inicia el taller facilitando a todos los participantes el material impreso creado por la autora con la contextualización del modo de actuación del docente al maestro de la información en el sector educacional y a partir de este se propicia el intercambio para constatar de manera individual y grupal cómo debe ser este docente en el contexto de la ETP y en qué medida se ha contribuido a lograrlo con implementación de la estrategia.

Se desarrollaron 8 talleres con una duración de 60 horas, el primero de 4 y el resto de 8 horas respectivamente, cada uno incluyó a partir de la determinación de potencialidades y limitaciones lo que debe saber, saber hacer, desear hacer y cómo saber ser del bibliotecario escolar ante los desafíos de un mundo cambiante donde la información se erige como un recurso de poder, muy vinculada al conocimiento y a la inteligencia de los seres humanos. Las acciones fueron concebidas con carácter presencial con formas organizativas activas con predominio del taller en el que fluyó el intercambio, el debate, la reflexión. La impartición de los talleres fue dirigida por la autora de la tesis con la colaboración de dos talleristas con potencialidades en los contenidos de TIC y de Metodología de la Investigación Educacional.

La evaluación se efectuó de manera sistemática y dinámica en el ejercicio de la propia actividad a partir de la observación de la participación directa de cada uno en el desarrollo de los talleres, utilizando sistemáticamente técnicas proyectivas como el PNI y la coevaluación, heteroevaluación y la autoevaluación. Al cierre del ciclo se entregó un reconocimiento a las participantes (VER ANEXO 14)

Cada taller estuvo precedido de la orientación para su desarrollo, a través de la explicación oral con las precisiones correspondientes a los aspectos que generan dudas, acompañado de materiales impresos y una capeta de materiales digitalizados. La bibliografía utilizada para cada taller se anexa (VER ANEXO 12)

En todos los talleres se contó con la presencia de las Responsables del Sistema de Información para la Educación de los municipios seleccionados para la implementación de la estrategia propuesta.

TERCERA ETAPA. Evaluación de la preparación de los bibliotecarios escolares de la ETP para un desempeño exitoso a partir de la implementación de la estrategia.

Acción 1: evaluación individual de los participantes a partir de la introducción del ciclo de talleres en la práctica pedagógica.

2.4. Evaluación científica de la implementación de la estrategia.

Para evaluar la influencia en la preparación de los bibliotecarios escolares de la implementación de la estrategia concebida se elaboraron, validaron y procesaron varios instrumentos (encuesta a directivos, entrevista a bibliotecarios escolares y a responsables del Sistema (VER ANEXOS 2,3 y 5) a partir de las dimensiones e indicadores en los que se constata el desconocimiento de directivos, y estructuras de los centros, docentes en general y bibliotecarios escolares de la ETP en particular acerca de la misión y las funciones de este profesional como sujeto activo dentro de proceso de transformaciones que se generan en esta educación; se aprecia además que sólo cinco personas evalúan la dimensión cognitiva como deprimida (Baja y Muy Baja) (VER ANEXO 8) lo que representa el 2%, a pesar de que la mayoría le otorga la categoría de adecuado entre (Medio y Muy Alto), al conocimiento que poseen estos docentes sugieren como regularidad lo siguiente:

- La superación por asignaturas, es decir una superación especializada.
- Preparación en las TIC (TV, Video clases, computación).
- Continuar su preparación después de alcanzada la licenciatura en maestría.
- Mayor preparación para participar en la actividad científica brindando ayuda bibliográfica y lograr su profesionalización.
- Lograr un profesional con una cultura general integral acompañando los nuevos retos.
- Formación del personal bibliotecario vinculándolo con el contenido docente de la ETP.
- Preparación en los aspectos técnicos de los centros de información.
- Prepararse en las transformaciones educacionales.
- Prepararse en el desarrollo de habilidades para lograr mejores resultados en su labor de gestores de la información.
- Limitaciones para enfrentar la investigación desde concepciones científicas.
- Desconocimiento de directivos, estructuras y bibliotecarios escolares d el ETP sobre las funciones de este docente.
- Carencia de equipamiento automatizado en las unidades de información para la puesta en práctica de los conocimientos y el consecuente desarrollo de habilidades en los bibliotecarios.
- No contar con la historia de las bibliotecarias escolares.

Con la información anterior se evidencia que las dimensiones más deprimidas fueron la conceptual y la procedimental, es decir, (el saber y el saber hacer) del personal bibliotecario de la ETP, sus principales deficiencias se encuentran en el orden de que les faltan conocimientos y habilidades para operar con este saber en la práctica y lograr una actuación en correspondencia con las funciones que le son inherentes a este profesional de la información para la ETP.

Como fortalezas en este proceso se destaca:

- La acogida que por los directivos, estructuras a nivel de centros y bibliotecarias escolares de la ETP del proceso de investigación.
- La cohesión de las bibliotecarias escolares en el desarrollo de los talleres.
- El proceso de aprendizaje mutuo donde se evidenció lo vivencial.
- Las ansias de transformación por parte de las bibliotecarias.
- Reconocimiento a su labor como docentes, maestros de la información.
- Estimulación para el ingreso y continuidad en la Maestría en Ciencias de la Educación.
- El ambiente sociopsicológico creado en cada taller generando compromisos para la etapa interpresencial.
- La participación como invitados de los responsables del SIED de los municipios seleccionados como muestra.
- La participación de once posibles en eventos científicos municipales (45%)
- La continuidad por más tiempo en la actividad bibliotecaria en la ETP de una compañera que arribó a la edad de jubilación.

Los avances con la implementación en la práctica de la estrategia pueden apreciarse en los (ANEXOS 9 y 10) en los que se reflejan el antes y el después en cada uno de los talleristas en las competencias contenidas en las dimensiones que se concibieron.

En la dimensión cognoscitiva, antes se denota que la tendencia en las bibliotecarias que conforman la muestra se encontraba entre Bajo y Medio, estando deprimidos mayormente los indicadores de gestión de la información y del conocimiento, para el uso y manejo de las TIC, la comunicación y la investigativa como ejecutor del proceso.

En la dimensión procedimental, antes se evidencia que sólo una bibliotecaria se enmarca en la categoría de Alto, el resto entre Bajo y Medio, los indicadores de mayor afectación coinciden con la dimensión cognoscitiva al estar deprimidos mayormente los de gestión y de la información y del conocimiento, para el uso y manejo de las TIC, la comunicación y la investigación como ejecutoras del proceso.

En la dimensión motivacional se muestra de manera arbitraria una estimulación y deseos de obtener preparación para operar con este particular en la práctica, independientemente de las limitaciones cognoscitivas y procedimentales de las mismas, demostrando una motivación positiva hacia el cambio. Sólo una bibliotecaria se encontraba en el nivel Bajo y las demás oscilaban entre Medio y Alto, manifestándose por tres de ellas carencias motivacionales para la comunicación, como ejecutoras de la investigación, la gestión y las TIC.

En la dimensión actitudinal se manifestaron en su totalidad con actitudes positivas para enfrentar un desempeño exitoso como docentes de la ETP, se evaluaron entre Alto y Muy Alto.

Posteriormente de la implementación en la práctica de la estrategia se constatan resultados alentadores a partir de que estos docentes especialistas en información mostraron un saber, un saber hacer, unos deseos de hacer y plena disposición para desempeñarse como verdaderos profesionales de la información para la Educación.

Después de aplicada la estrategia la preparación de los bibliotecarios en la dimensión cognoscitiva se elevó de manera significativa en la tendencia entre Medio y Alto, ellos demuestran conocimientos acerca de la gestión de la información y del conocimiento, la comunicación educativa, las tecnología de la información y las comunicaciones, como ejecutores de la investigación científica en los ámbitos educacionales y bibliotecológicos, se muestra un incremento en el saber de los mismos.

En la dimensión procedimental se asciende de manera considerable en los indicadores y se ubican entre Medio y Alto, quedando aún deprimidas las habilidades en cuanto a el uso y manejo de las TIC y su accionar como ejecutor de la investigación educativa y bibliotecológica, demostrando que se requiere de mayor entrenamiento y sistematicidad en este sentido.

En la dimensión motivacional afectiva se evidenció la tendencia al incremento entre Alto y Muy Alto, lo que demuestra que se elevaron los niveles de motivación en el ejercicio de la propia actividad, aunque una bibliotecaria se mantiene en la escala de Medio en lo referente a la disposición hacia la realización de investigaciones para el perfeccionamiento del proceso.

La dimensión actitudinal se mantiene en la escala entre Alto y Muy Alto y que siempre mostraron disposición y compromiso de sumir con responsabilidad la transformación a aras de convertirse en maestros de la información.

Se observan cambios cualitativos que evidencian transformación en el modo de actuación de los bibliotecarias escolares al asumir que están mejor preparadas para desempeñarse como profesionales, maestras de la información para la educación.

Se aplicó un instrumento de cierre (VER ANEXO 13) para valorar el impacto en la preparación de las bibliotecarias escolares que permitió llegar a las siguientes conclusiones:

- Les permitió adquirir conocimientos teóricos y metodológicos de las tendencias actuales en torno al profesional de la información en sentido general y en particular el de educación.

- Les benefició al desarrollar habilidades en la gestión de la información y el conocimiento, el uso de las TIC en función de ofrecer solución a las necesidades formativas e informativas de los usuarios de su comunidad, en la comunicación educativa y en la metodología de la investigación educacional y bibliotecológica.

- Les permitió tomar conciencia sobre la importancia de su labor para el desarrollo del proceso docente educativo y del desarrollo social en sentido general.

- Les permitió reconocer y sugerir la continuidad de ciclos de talleres similares que propicien el intercambio y la reflexión sobre temáticas de interés profesional y social, así como la sistematización de lo aprendido.

CONCLUSIONES

- La sistematización de las concepciones de la preparación y desempeño del bibliotecario escolar del sector educacional desde su surgimiento y su vínculo con la formación inicial de estos trabajadores de la actividad bibliotecaria en la ETP, ha permitido centrar su preparación de manera limitada a cuestiones técnicas del procesamiento de la información, de la organización de las bibliotecas escolares, la importancia del trabajo metodológico y de manera muy general sobre gestión de la información. La situación anterior condiciona la necesidad de abordar la preparación de este profesional desde los conocimientos, las habilidades, las motivaciones y actitudes para desempeñarse de manera competente en la práctica.

- El diagnóstico refleja que la preparación del bibliotecario escolar de la ETP se ha realizado de forma espontánea, sin un enfoque integrador, evidenciado en las limitaciones que se reflejan en carencia de conocimientos y habilidades profesionales para su desempeño eficiente.

- El diseño de una estrategia de capacitación encaminada al perfeccionamiento de la preparación para el desempeño profesional del bibliotecario escolar de la ETP parte del diagnóstico de las limitaciones y potencialidades en sus competencias profesionales, de la proyección de actividades dinámicas, en las que predomine la reflexión, el debate, el intercambio, en el que los métodos fueron participativos con predominio de formas organizativas creativas como el taller y en el que la evaluación se desarrolló sobre la base del desempeño propiamente dicho.

- La aplicación de una estrategia de capacitación, permitió elevar el nivel de preparación para el desempeño de los bibliotecarios escolares de la ETP a partir de la adquisición de conocimientos y habilidades para enfrentar las actuales y futuras transformaciones, y desarrollar una actuación más integradora y coherente como maestros de la información.

RECOMENDACIONES

Atendiendo a los resultados obtenidos en la investigación se considera necesario indicar las siguientes recomendaciones:

- Investigar la historia de las bibliotecas escolares en la provincia de Ciego de Ávila.
- Fundamentar la necesaria creación de una carrera para la formación superior pedagógica de las bibliotecas escolares.

BIBLIOGRAFÍA GENERAL

1. Acceso a la información en la era de la globalización.
   <http//:www.launion.edu.pe/info99-26.htm>

2. ACOSTA, ELIADES. Bibliotecas del Tercer Milenio / Eliades Acosta. - -
   p. 5-9. - - En Revista de Libro Cubano. - - No 2. - - La Habana, 1998: **7**

3. ADDINE FERNÁNDEZ, FÁTIMA. La interacción núcleo de las relaciones
   interdisciplinarias en el proceso de la práctica laboral investigativa de
   los profesionales de la educación. Una propuesta/ Fátima Addine
   Fernández, Gilberto A. García Batista.--- ISPEJV-MINED, 2000.

4. AKEROYD, J. La administración del cambio en las bibliotecas electrónicas:
   66th IFLA Council and General Conference, 2000.
   Disponible en: http://www.ifla.org/IV/ifla66/papers/037-110s.htm
   Consultado: noviembre del 2005.

5. ALEJO FEBLES, TANIA. Evaluación de la Base de Datos ERIC
   (Educational Resources Information Center) / Tania Alejo Febles, Pedro
   Serrano Manzano, L. Bermello Crespo. – Universidad de La Habana :
   Facultad de Comunicación: Maestría en Ciencias de la Información y
   Bibliotecología. – (Trabajo presentado en la asignatura Evaluación de
   Productos y Servicios), 2001.

6. ALFONSO CHOMAT, MERCEDES. Estructura y concepción metodológica
   para transformar los modos de actuación profesional de los
   bibliotecarios escolares en secundaria básica . – Tesis de maestría . –
   Maestría en Bibliotecología y Ciencias de la Información . – Universidad
   de La Habana : Facultad de Comunicación, 2005: **51,18**

7. --. Las Bibliotecas Escolares en Cuba:
   un recurso para la educación / Mercedes Alfonso Chomat, Idelio Rojas
   Crespo. -- Barcelona : IFLA-93, 1993.

8. ALLENDE SULLIVAN, PM. El impacto de las nuevas tecnologías en la competencia laboral del bibliotecario del siglo XXI. Disponible en: http://bibliotecas.rcp.net.pe/biblios/ . Consultado: octubre del 2005.

9. ÁLVAREZ DE ZAYAS, CARLOS M. La escuela en la vida. - - [disquete]. - - La Habana : Ed. MES, 1993. - - 1 disquete. - - [Consulta: 7 may. 2005]

10. ÁLVAREZ DE ZAYAS, RITA M. Hacia un currículo integral y contextualizado. – Tegucigalpa : Ediciones Universitarias, 1997: **20**

11. ARIOSA MORALES, OLINTA. Función de la biblioteca en la escuela elemental. - - La Habana : 1956: **6**

12. ARTILES VISBAL, SARA.. Cultura Informacional : Estrategias para el desarrollo de la sociedad de la información y el conocimiento / Sara Artiles Visbal, Fidel García González.-- p. 49-62. – En: Ciencias de la Información, Vol. 32, mar.-jun 2000.

13. BAWDEN, DAVID. Revisión de los conceptos alfabetización informacional y la alfabetización digital. – p.361 – 408. -- En Anales de Documentación. -- N^0 5, 2002. (documento digitalizado)

14. BÁXTER PÉREZ, ESTHER. La comunicación educativa, ¿le corresponde sólo al maestro? [disquete]. - - Instituto Central de Ciencias Pedagógicas: Ministerio de Educación, 1998. - - 1 disquete. - - [Consulta: 8 abr. 2005.]

15. La biblioteca escolar. Un espacio donde encontrarás información y cultivarás la sabiduría. [disquete]. - - Ciudad de La Habana : [s/e], [s/f]. - - 1 disquete. - - e-mail: cied@cied.rimed.cu. Consulta: 2 abr. 2005.

16. La Biblioteca Escolar en Cuba. Diez años de desarrollo. - - p. 3-19. - - En Boletín para Bibliotecas Escolares. - - Año I, No. 4. - - La Habana, jul.-ago. 1971.

17. BLANCO PÉREZ, ANTONIO. Acerca del rol profesional del maestro / Antonio Blanco Pérez, Silvia C. Recarey Fernández. - - La Habana : I S P "Enrique José Varona", 1999. (material fotocopiado)

---------------------------------------. Introducción a la Sociología de la Educación. – La Habana : Editorial Pueblo y Educación, 2001.

18. Boletín de la Asociación Cubana de Bibliotecarios, sep. 1949 No 2.

19. Boletín de la Asociación Cubana de Bibliotecarios, mar. 1955 No 1.

20. Boletín de la Asociación Cubana de Bibliotecarios, jun. 1956 No 2.

21. BUENO CAMPOS, EDUARDO. De la sociedad de la información a la del conocimiento y el aprendizaje, 2000. Disponible en: http://www.gestiondelconocimiento.com Consultado: ene. 2007.

22. BUSHA, CHARLES A. Métodos de investigación en Bibliotecología. Técnicas e interpretación / Charles H. Busha y Stephen P. Harter.--- México: Universidad Nacional Autónoma, 1990.

23. CABADA ARENAL MT. El profesional de la información ante los desafíos del paradigma tecnológico, 2001. Disponible en: http://scielo.sld.cu/scielo.php?script=sci_arttext&pid=S1024-94352001000300005&lng=es&nrm=iso   Consultado: nov. 2005.

24. Caracterización y diseño de los resultados científicos como aportes de la investigación educativa : Curso 85 / Nerelys de Armas Ramírez … [et al] . – La Habana : Evento Internacional Pedagogía 2003.

25. Caracterización del modo de actuación del profesional de la educación / Fátima Addine …/et al/. – La Habana : Instituto Superior Pedagógico "Enrique José Varona". Facultad de Ciencias de la Educación. Cátedra de Didáctica, 2002. (documento digitalizado)

26. CASAS DOMÌNGUEZ, EVA. La evaluación del desempeño profesional del bibliotecario escolar en el municipio de Ciego de Ávila / Eva Casas Domínguez, Yolanda Torres Álvarez, 2004.

27. CASTELLANOS, DORIS. Hacia una concepción del aprendizaje desarrollador / Doris Castellanos, Beatriz Castellanos, Miguel Llivina. - - La Habana : Universidad Pedagógica Enrique José Varona : Centro de Estudios Educacionales, 2001.

28. CASTELLANOS SIMONS, BEATRIZ. Acerca de los resultados científicos / Beatriz Castellanos Simons, Miguel Llivina Lavigne. -- La Habana : Centro de Estudios Educacionales, (s.a.).

29. CASTRO RUZ, F. Discurso de Clausura del acto de graduación del Destacamento Pedagógico Universitario "Manuel Ascunce Domenech" 7 de julio de 1981.

30. CHIRINO RAMOS MARÍA V. La investigación en el desempeño profesional pedagógico. – En: Profesionalidad y práctica pedagógica. Compilación; Gilberto García Batista y Elvira Caballero Delgado. __ La Habana : Editorial Pueblo y Educación, 2004 : **60.**

31. Compendio de Pedagogía / MINED. – La Habana : Editorial Pueblo y Educación, 2002.

32. Comunicación Educativa / Ana María Fernández González… [et al]. - - Ciudad de La Habana : Ed. Pueblo y Educación, 2002.

33. Conceptos y funciones de la biblioteca escolar. 20 de mayo 2005. <http://agabel00.tripod.com/concepto.htm#CONCEPTO >

34. CORNELLA, ALFONSO. El nuevo rol del profesional de la información, 2004. Consultado: diciembre 2005. http://www.extra- net.net/articulos/en990625.htm

35. CUBA. MINISTERIO DE EDUCACIÓN. Curso de Estudios Dirigidos para el personal Técnico de Centros de Documentación e Información Pedagógica. – La Habana : Editorial Pueblo y Educación, 1986.

36. ---. Documentos directivos para el perfeccionamiento del Sistema Nacional de Educación.-- La Habana : MINED, 1975.

37. --- La Educación en los Cien Años de lucha . – La Habana : Editorial Pueblo y Educación, 1968.

38. ---. Plan de estudio para la especialidad de Bibliotecología y Técnicas Documentarias (9no grado). Resolución Ministerial 182/03 (digitalizado)

39. ---. Plan de estudio para la especialidad de Bibliotecología y Técnicas Documentarias (12 grado). Resolución Ministerial 78/03 (digitalizado)

40. ---. Reglamento de Educación de posgrado de la República de Cuba : Resolución No. 132/2004. - - La Habana : Ed. Ministerio de Educación Superior, 2005.

41. ---. Resolución Ministerial N°· 50/06 : Anexo N°· 1

42. ---.Resolución Ministerial no. 81/2006: **96 – 97.**

43. ---.Resolución Ministerial no. 105/06.

44. ---. VI SEMINARIO NACIONAL PARA EDUCADORES...(11 : 2005. CIUDAD DE LA HABANA). VI Seminario Nacional para Educadores,.../ La gestión de información en la profesionalización y la investigación educativa /. - - Ciudad de la Habana : Ministerio de Educación, 2005.

45. Didáctica y optimización del proceso de enseñanza-aprendizaje / Fátima Addine Fernández ... [et al]. -- La Habana : Instituto Pedagógico Latinoamericano y Caribeño (IPLAC), 1999 (Material en soporte electrónico)

46. DOMENECH, CARME. Educar para la comunicación. -- p. 3-9. -- En Taller de la palabra. Selección, introducción y notas de la Prof. Rosario Mañalich Suárez. – La Habana : Ed. Pueblo y Educación, 1999.

47. ESTRADA FELIPE, NEYDA. Sistema de acciones para elevar la preparación del personal bibliotecario no titulado como trabajador de la información en el municipio Venezuela / -- Neyda Estrada Felipe, Yoanda González González. – Trabajo de Diploma. Diplomado de Gestión de la Información. –Ciego de Ávila, 2003.

48. FALOH BEJERANO, RODOLFO. Gestión del conocimiento : conceptos, aplicaciones y experiencias / Rodolfo Faloh Bejerano , María C. Fernández de Alaiza. – En: Serie Gerencia en Ciencias e Innovación : Academia, (s.a.)

49. FERNÁNDEZ ABALLÍ, ISIDRO. Nuevas Tecnologías de la Información y la comunicación / Isidro Fernández Aballí. - - p. 57-66. - - En UNESCO. - - No. 6. - - Montevideo, jun. 1996.

50. FERNÁNDEZ ABRIL, CARMEN. "Las Bibliotecas Escolares: Objetivos, funcionamiento y proyección". MINED. Departamento Nacional de Bibliotecas Escolares. Primer Congreso de Educación y Cultura. Organización y Administración Escolar, 1971.

51. FERNÁNDEZ GONZÁLEZ, ANA M. Comunicación educativa/ Ana M. Fernández González, María I. Alvarez Echevarría. -- La Habana: Editorial Pueblo y Educación, 1995.

52. FERNÁNDEZ PÉREZ, MIGUEL. La profesionalización del docente. - - Madrid : Ed. Escuela Española, 1988. (Material fotocopiado)

53. FERNÁNDEZ PINEDO, MIGUEL. La gestión del conocimiento: el tercer factor. – Madrid : knowledge management, 2000.

54. FERRER LÓPEZ, MIGUEL ÁNGEL. Concepción estratégica, investigación e información. Ponencia presentada al VI Taller de Bibliotecas Universitarias de Iberoamérica. Abril, 2003.

55. --. Interacción como proceso. (Material digitalizado)

56. --. Procedimientos para un pensamiento más activo e independiente, desde la biblioteca escolar. (Material digitalizado)

57. --. Procedimientos para un pensamiento más activo e independiente, desde la biblioteca escolar. (Material digitalizado)

58. La formación profesional específica y la formación profesional continua: 1998 – 2005. Disponible en: http://www.educaweb.com/ Consultado: ene. 2007.

59. GALA VALIENTE. "Modos de actuación: una reflexión para el debate". – La Habana : Instituto Técnico Militar, 1999.

60. GIL PEREZ, DANIEL. El papel de la educación ante las transformaciones científico metodológicas en Revista Iberoamericana de Educación.— No.18 ,1998.

61. Glosario de términos de avanzada / julia Añorga Morales…/et al/. – La Habana : ISPJAE : Centro de Estudios de Educación Avanzada, 1995:

35.

62. Glosario de términos bibliotecológicos y de las Ciencias de la Información. Disponible en: http://www.uh.cu/facultades/com/portal/interesglosaterminos.htere

63. GONZÁLEZ GONZÁLEZ, KENIA. Estrategia de capacitación de los directivos de Educación del municipio Venezuela para la dirección de la orientación profesional pedagógica.— 116h . -- Tesis de Doctorado. ISP " Félix Varela" , ISP " Manuel Ascunce Domenech", 2005.

64. GÓMEZ GUTIÉRREZ, LUIS I. "El desarrollo de la educación en Cuba", Conferencia magistral presentada en Pedagogía' 2003. Ciudad de La Habana.

65. GONZÁLEZ REY, FERNANDO. Comunicación, personalidad y desarrollo. -- La Habana : Editorial Pueblo y Educación, 1995.

66. GONZÁLEZ VILLAFRUELA, MILAGRO R. Programa de superación profesional para perfeccionar el rol del bibliotecario escolar de la micro universidad pedagógica, 2005: **26**

67. GONZÁLEZ MAURA, VIVIANA. Psicología para educadores. V. González, D. Castellanos, M. Córdova. - - La Habana : Editorial Pueblo y Educación, 2001.

68. GONZÁLEZ VALDÉS, ROSA M. Las nuevas tecnologías de la información / Rosa M. González Valdés.- - p. 38-43.- - En Revista Educación.- - La Habana, sep-dic. 2003.

69. GOÑI CAMEJO, IVIS. Algunas reflexiones sobre el concepto información y su implicación para el desarrollo de las Ciencias de la Información. – En: ACIMED, 2000; 8 (3) : 2001.

70. GUTIÉRREZ MORENO, RODOLFO B. Los componentes del proceso pedagógico. – Villa Clara : ISP "Félix Varela Morales": Departamento de Formación Pedagógica General, 2002.

71. HERRERA SÁNCHEZ, FÉLIX. Modelo de institución docente para la Educación Técnica y Profesional. – P. 80 – 104. -- En: Maestría en Ciencias de la Educación: Mención en Educación Técnica y Profesional: módulo III: segunda parte. – La Habana : Editorial Pueblo y Educación, 2007.

72. HORTA HERNÀNDEZ, ODALYS. Estrategia de capacitación para evaluar el nivel de preparación sobre la gestión del conocimiento en las especialistas en información científico – pedagógica del ISP, 2006.

73. IFLA/UNESCO. *The School Library Manifesto: The School Library in Teaching and Learning for all.* -- IFLA, 2000. Consultado sept. 2006. www.ifla.org/VII/s11/pubs/manifest.htm

www.ifla.org/VII/s8?unesco/eng.htm

74. Informe del Sistema de Información para la Educación de la Provincia de Ciego de Ávila para la Dirección Nacional del SIED : Curso 2002-2003, 2003-2004, 2004-2005, 2005-2006, 2006-2007.—Instituto Superior Pedagógico, Ciego de Ávila.

75. INSTITUTO POLITÉCNICO NACIONAL: COORDINACIÓN GENERAL DE BIBLIOTECAS Y SERVICIOS DE INFORMACIÓN. Cuarto Aniversario de la Biblioteca Nacional de Ciencia y Tecnología "Ing. Víctor Bravo Ahuja" : Norma ISO 11620: 1998 (E) información y documentación - indicadores de desempeño para bibliotecas. – México, 2002.

76. IZQUIERDO CÁCERES, JOSÉ M. La biblioteca escolar en la escuela primaria / José M Izquierdo Cáceres, Idelio Rojas Crespo.-- p. 27-38.— En Educación. - - La Habana, jul-sep. 1978.

77. LABARRERE REYES, GUILLERMINA. Pedagogía. - - La Habana : Ed. Pueblo y Educación, 1988.

78. LUGO HUBP, M. Cómo afecta a la profesión bibliotecaria el uso de las nuevas tecnologías]. Disponible en: http://www.ambac.org.mx/publicaciones/V3N4.html . Consultado: octubre de 2005.

79. MACÍAS CHAPULA, CESAR. Gestión de la Información. Fotocopia. 8 p.

80. Maestría en Ciencias de la Educación: Mención Educación Técnica y Profesional. – La Habana : Editorial Pueblo y Educación, 2007. (formato tabloide): **26**

81. Manifiesto a favor de las bibliotecas escolares ante el proyecto de ley de calidad de la educación. Consultado feb. 2005
   < http://www.rcp.net.pe/rcp/bibliotecas/biblios/flash/zip/b6-02-zip >

82. Metodología de la Investigación Educacional / Gastón Pérez Rodríguez… [et al]. - - Ciudad de La Habana : Ed. Pueblo y Educación, 2001.

83. MILANÈS GÒMEZ, ROBERTO. Un modelo del desempeño profesional del director de la escuela politécnica en la provincia de Ciego de Ávila,2004.

84. Modo de actuación del docente desde un enfoque integral y contextualizado / Ramón Pla López…(et al).—Ciego de Ávila : ISP "Manuel Ascunce Domenech : Centro de Estudio e Investigación de la Educación "José Martï", 2005. – (documento digitalizado): **19**

85. NAVALES COLL, MARÍA DE LOS A. Las tecnologías de la información y la comunicación y su impacto en la educación. [cd-rom] / M. Navales, O. Omaya, G. Adys. - - La Habana : Ed. Ministerio de Educación Superior de la República de Cuba, 2004. - - [cd-rom]. - - [Consulta: 3 mayo, 2006.]

86. NÚÑEZ JOVER, JORGE. Innovación y desarrollo social: un reto para CTS. Disponible en : http://www.campus-oie.org/salactsi/index.htm/

87. NÚÑEZ PAULA, ISRAEL A. Determinación y caracterización de las categorías o grupos de usuarios para el proceso educativo-informativo. Información Aspectos Sociopsicológicos. - - La Habana : IDICT, 1990.

88. -------------------------------------. La gestión de la información, el conocimiento, la   Inteligencia y el aprendizaje organizacional desde una perspectiva socio –   Psicológica. – En: ACIMED .— vol. 12, N_o. 3. -- La Habana : Editorial de   Ciencias Médicas, 2004.

89. ----------------------------------. Guía metodológica para el estudio de las necesidades de formación e información. - - ACIMED. - - No. 3, 1997. - - p.32- 51. - - Versión electrónica en: http://www.infonew.sld.cu/revistas/aci/aci06397.htm   Consultado 17 ene. 2005.

90. PAÉZ. U.I ¿Qué es la gestión de información? .—p. 1-3. – En: INFOLAC,1990.

91. PEDROSO IZQUIERDO, EVELYN. Peculiaridades del desarrollo de las ciencias de la información en Cuba, 2004.   Disponible en http://scielo.sld.cu/scielo.php?script=sci_arttext&pid=S1024-94352004000100006&lng=es&nrm=iso&tlng=es   Consultado: 7 nov. 2006.

92. PÉREZ MATOS, NURIA E. La formación bibliotecaria en Cuba : una mirada a través de los documentos. Disponible en : http://bvs.sld.cu/revistas/aci/vol13-3-05/aci08305.htm Consultado: 2 ene. 2006.

93. PÉREZ PÉREZ, ISEL. Hábitos de lectura en la actualidad. Algunas consideraciones / Isel Pérez Pérez. - - p. 33-35. - - En Revista Educación. - - LA Habana, sep-dic. 2001.

94. PLA LÓPEZ, RAMÓN. El perfeccionamiento de los modos de actuación docente. Una necesidad para elevar la calidad de la educación en el siglo XXI. - - Ciego de Ávila, 1999 (Material digitalizado).

95. PONJUÁN DANTE, GLORIA. Gestión de Información en las

organizaciones : principios, conceptos y aplicaciones / Gloria Ponjuan

Dante. – Santiago de Chile : Universidad de Chile : CECAPI, (s.a.)

96. .... El profesional de la información. Consultado

12 ene. 2005. < http://www.rcp.net.pe/rcp/bibliotecas/biblios/ >

97. .... "Ser o parecer: reflexiones en torno a la

imagen del profesional de la información". Ciencias de la

Información. 1 (1998)

98. Primer Proyecto de una Escuela de Bibliotecarios en Cuba. Boletín de la

Asociación Cubana de Bibliotecarios 4(1) marzo, 1952.

99. Los proyectos educativos: una estrategia para transformar la escuela /

Llivina, Miguel, Beatriz Castellanos; Doris Castellanos y María Elena

Sánchez, Colección Proyectos, Centro de Estudios Educacionales,

Universidad Pedagógica Enrique José Varona, La Habana, 2001.

100. Relatoría de la Reunión Nacional del SIED. Ciego de Ávila. 12 y 13 de

abril de 2005.

101. RÍOS-RODRÍGUEZ, LILLIAN E. Método Científico y Diseños de

Investigación: Power Point elaborado por Lillian E. Ríos-Rodríguez.--

BIOE 6525.

102. ROCA SERRANO, ARMANDO. El desempeño profesional basado

en la atención a las competencias laborales; una vía para el

desarrollo profesional y humano de los docentes de la

Educación Técnica y Profesional. Consultado 3 ene. 2006.

Disponible en

http://www.monografías.com/trabajos15/indicad-   evaluación.shtml.

103. RODRIGUEZ, CARLOS R. Letra con filo. - - Ciudad de La Habana : Ed.

Unión, 1987.

104. RODRÍGUEZ DEL CASTILLO, MARÍA A. Aproximaciones al estudio de

las estrategias como resultado científico. -- Villa Clara : Universidad

Pedagógica "Félix Varela" :Centro de Ciencias e Investigaciones

Pedagógicas, 2004 (Material en soporte digital).

105. RODRÍGUEZ DOMÍNGUEZ, MARÍA DEL C. La competencia profesional del trabajador de la información. – (Ponencia presentada para examen de mínimo de Problemas Sociales de las Ciencias). – Ciego de Ávila: ISP Manuel Ascunce Domenech, 2004.

106. RODRÍGUEZ ROVIRA, JOSEP M. La gestión del conocimiento : una gran oportunidad. El profesional de la información. - - Vol. 8, No. 3. - - mar. 1999.

107. ROVIRA, CARMEN. Formación profesional del bibliotecario : Primeras Jornadas Bibliotecológicas Cubanas: 15 al 18 de abril de 1953: Recomendaciones y trabajos.-- La Habana : Comisión Nacional Cubana de la UNESCO, 1953.

108. RUIZ ANTOLÍ, ANA. Manual de Referencia. – La Habana : Editorial Pueblo y Educación, 1987.

109. RUIZ IGLESIAS, MAGALYS. La competencia investigadora: Entrevista sobre tutoría a investigaciones educativas. -- México : Editorial Independiente, 2001.

110. SÁNCHEZ, CARMEN. La cultura informacional en los profesores de la Universidad Pedagógica de Granma. Tesis en opción al título de Máster en Gestión de la Información Científica. Universidad de La Habana, julio de 1999.

111. SÁNCHEZ CARMONA, PEDRO. La dirección participativa. Una vía para elevar la calidad del proceso directivo en educación.— 1999.—75p. Tesis (Título académico de Master).—IPLAC, Ciudad de la Habana.1999.

112. SÁNCHEZ TARRAGÓ, NANCY. El profesional de la información en los contextos educativos de la sociedad del aprendizaje: espacios y competencias . – En: Acimed 2005. Disponible en: http://bvs.sld.cu/revistas/aci/vol13_2_05/aci02205.htm

113. SETIÉN QUESADA, EMILIO. El fenómeno bibliotecario y la bibliotecología en Cuba.—p.31- 41 —En: Ciencias de la Información. – No 3, (2002)

114. SERRANO MANZANO, PEDRO. La estrategia como vía para la generación de cambios e impactos en los Sistemas de Información, 2002. (file://A:/Maestría en Ciencias de la Información. html). Consulta 30/11/06.

115 SOTO DÍAZ, MANUEL. La comunicación pedagógica desde un enfoque personológico : Curso 45 : Pedagogía 2001.

116. STUBBS, EDGARDO A. Indicadores de desempeño: naturaleza, utilidad y construcción. – estubbs@infovia.com.ar, 2004. Consultado 23 de dic. 06.

117. STANISLAV RAQUELOV. Gestión de la información y los conocimientos en las organizaciones. – En: BIBLIOS No. 12, abril – junio, 2002.

118. SYR SALAS, RAMÓN, El desempeño didáctico del maestro : una metodología para su evaluación. Pedagogía 2005: **5.**

119. SUÁREZ ZARABOZO, ENRIQUE. La enseñanza posgraduada y los cambios en los modelos mentales de los profesionales de la información.—p. 101.-- En Ciencias de la Información. - - No 2, Vol. 28, jun. 1997.

120. TORRES PÉREZ GISELA. Propuesta de un modelo para la capacitación de los dirigentes de la ETP.— 2003.—258p. Tesis (Título académico de Doctor en Ciencias Pedagógicas).—ISP "Enrique José Varona", Ciudad de La Habana. 2003.

121. TRUJILLO REXACH, M. E. Nuevos retos del profesional de la información a las puertas de tercer milenio. Consultado 15 de Julio del 2005. Disponible en <http://www.infomed.sld.cu./>

122. UNESCO: IFLA. Manifiesto de la Biblioteca Escolar. Diciembre de 1998. Consultado Diciembre 2004 < http://www.ifla.org/ >

123. VALDÉS, HECTOR. La evaluación del desempeño del docente, 2003 (documento digitalizado)

124. VALERA ALFONSO, ORLANDO. La información científica en la investigación educativa. – En Metodología de la Investigación Educacional / Gastón Pérez Rodríguez ... [et al] . – La Habana : Editorial Pueblo y Educación, 2001.

125. .... Problemas actuales de la pedagogía y la psicología pedagógica. -- Colombia : Ed. EDITEMAS AVC, Santafé,1998.

126. VENEGAS, MARÍA CLEMENCIA. La biblioteca escolar que queremos: una visión para compartir. Bogotá: Fundalectura, 2003.

127. VIDAL VALDÉS, JOSÉ R. La clave está en el conocimiento. – La Habana : Facultad de Comunicación de la Universidad de La Habana,(s.a.). (Material fotocopiado)

128. VISCAYA ALONSO, DOLORES. Lenguaje e información. -- p. 09-117.-- En Ciencias de la información. vol.28, no.2. -- La Habana, junio 1997.

129. WILSON, TD. Modelling the information user : the wider perspective. Disponible en: http:// informationr.net/tdw.publ/papers/Klpaper.html Consultado 18 de mayo del 2007.

ANEXO I

TRANSFORMACIONES PRINCIPALES DE LA ETP

- Crear grupos de no más de 30 estudiantes, cada uno atendido por un profesor general integral.

- Preparar profesores que impartan más de una asignatura.

- Formar al docente con graduados propios, convirtiendo al estudiante en un profesor en formación.

- Utilizar amplia bibliografía de libros de textos, software educativos, clases televisivas y videoclases (TV, video y PC en cada aula)

- Formación por "Familia de Especialidades" durante los dos primeros años y especializada en los restantes.

- Reciclaje periódico del docente por la Empresa.

- El profesional de la producción como docente.

- Conformar la especialización a partir de las posibilidades reales de la ubicación laboral.

- Proyecto investigativo (nacional) para determinar el nuevo Modelo de Escuela Politécnica.

(Tomado de HERRERA SÁNCHEZ, FÉLIX. Modelo de institución docente para la Educación Técnica y Profesional.—En: Maestría en Ciencias de la Educación: Mención en Educación Técnica y Profesional: módulo III: segunda parte: 84)

1. Garantizar el cumplimiento de lo establecido en cada uno de los Programas de la Revolución, que se desarrollan en la Batalla de Ideas en la educación.

2. Establecer como primera prioridad el trabajo político e ideológico, para lo cual deben perfeccionarse las vías y formas que promuevan la participación activa y reflexiva de los alumnos, de conjunto con las organizaciones políticas y estudiantiles y adoptarse en los Consejos de Dirección y la organización escolar las medidas que garanticen su sistematización de manera que pueda medirse su efectividad en la formación de valores revolucionarios y en el nivel de preparación que alcancen los dirigentes, personal docente, maestros en formación y alumnos, a partir, en primer lugar, de las reflexiones realizadas por el Comandante en Jefe en el Aula Magna de la Universidad de la Habana, el pasado 17 de noviembre del2005. Aprovechar los espacios de discusión e intercambio de los Congresos de la Federación Estudiantil Universitaria, Central de Trabajadores de Cuba, Sindicato Nacional de los Trabajadores de la Educación, la Ciencia y el Deporte, Federación de Estudiantes de la Enseñanza Media y la Organización de Pioneros José Martí, desde las escuelas hasta el nivel provincial y darle seguimiento a los planteamientos generados en los mismos.

3. Lograr que cada centro docente se responsabilice plenamente con la cobertura, presente y futura, del personal pedagógico y que responda por el cumplimiento del plan de plazas de las carreras pedagógicas, con un efectivo trabajo de motivación hacia las mismas. Establecer un sistema coherente de métodos de trabajo con los docentes para elevar el compromiso con su misión, creando ambientes de trabajo favorables en los centros y una atención diferenciada a los maestros jóvenes, reducir las bajas del personal docente, erradicando el "pirateo" en función de las indicaciones dadas por el Comandante en Jefe y

contenidas en la Circular N° 21/2005, del Secretario del Comité Ejecutivo del Consejo de Ministros.

4. Lograr un efectivo trabajo preventivo, a partir del diagnóstico oportuno de los alumnos y su familia, que propicie una atención diferenciada y sistemática, de conjunto con los padres y la comunidad, lo que deberá reflejarse en el Expediente Acumulativo del Escolar para determinar las decisiones a adoptar que den continuidad al trabajo de cada caso. Garantizar la idoneidad y estabilidad de los secretarios de los Consejos de Atención a Menores y que el Director Municipal invariablemente dirija las reuniones del mismo.

5. Elevar el control sobre la asistencia, la retención escolar y el aprovechamiento académico en los institutos superiores pedagógicos y la atención a los estudiantes de primer año, a través del trabajo coordinado del colectivo pedagógico, encabezado por los profesores generales integrales y en coordinación con los cuadros de la Federación estudiantil Universitaria, así como el de los tutores en las microuniversidades y de los profesores adjuntos en las sedes universitarias. Exigir la responsabilidad de los decanos en el logro de estos propósitos en las sedes centrales y de los directores municipales en las microuniversidades y las sedes pedagógicas.

6. Elevar la estimulación de los trabajadores de la educación, sobre todo las de carácter moral, evitando se creen insatisfacciones que se deriven de métodos inadecuados de trabajo y descuido en su organización, como las impuntualidades en el pago, prácticas negativas de papeleos, exceso de visitas y controles improductivos. Instrumentar en cada territorio, de conjunto con los Consejos de Administración Provinciales y Municipales, planes de ayuda en la solución de problemas vitales, como la atención a la salud, el transporte y la vivienda.

7. Garantizar, con la participación de las distintas enseñanzas, el cumplimiento de la política de cuadros, la selección y preparación de los metodólogos y directores de escuela y los compañeros que integran la

reserva de cuadros, incluida la Reserva Especial Pedagógica, Reserva Especial Científica y la , Reserva Especial Técnica.

8. Garantizar el riguroso control al desarrollo, con calidad, de la Maestría en Ciencias de la Educación por los institutos superiores pedagógicos y las distintas enseñanzas, así como a los proyectos de investigación, en función de lograr que sus resultados den solución a los problemas en las distintas educaciones hasta el nivel de escuela.

9. Cumplir los convenios y los compromisos internacionales contraídos, garantizando una rigurosa selección y preparación del personal que participe, sobre la base de su disposición a cumplir primero misiones en Cuba. Garantizar una esmerada atención a los familiares de los compañeros que cumplen misiones en otros países.

10. Avanzar en el perfeccionamiento de la preparación para la defensa, como un sistema coordinado entre las educaciones y los factores comunitarios, que permitan dar cumplimiento a sus tareas básicas y alcanzar la condición de "Listo para la Defensa" en la etapa correspondiente.

11. Mantener el control permanente de los logros de la enseñanza en todos los niveles y adoptar las medidas que estimulen la dedicación al estudio mediante el compromiso de los estudiantes, padres y docentes, en las diferentes asignaturas, en particular Matemática, Español, Historia e Inglés.

12. Potenciar el desarrollo de la educación para la salud, la educación artística, la educación física y el deporte escolar como elementos indispensables para alcanzar la cultura general integral, para lo cual en cada enseñanza se precisarán las tareas que debe cumplir el personal docente y de dirección.

13. Priorizar la atención al aseguramiento del programa inversionista de la Batalla de Ideas y otras obras. Fortalecer los equipos para atender estas tareas en el Organismo Central y en las direcciones provinciales y municipales de Educación, para garantizar el cumplimiento de lo establecido en las obras planificadas.

14. Fortalecer el principio de estudio – trabajo en todas las educaciones e impulsar el autoabastecimiento en todos los centros docentes con posibilidades, desarrollando las debidas coordinaciones con el Ministerio de la Agricultura y otros organismos vinculados a esta actividad. Exigir el cumplimiento de la Carta Circular del Secretario del Comité Ejecutivo del Consejo de Ministros que norma esta tarea.

15. Aplicar en cada enseñanza, instituciones, empresas y áreas de trabajo las indicaciones sobre el ahorro, control y uso racional del combustible, la electricidad, el agua y cualquier otro portador energético o recurso que el país ha priorizado en el Año de la Revolución Energética en Cuba.

16. Atender y evaluar periódicamente en los Consejos de Dirección de provincias, municipios e institutos superiores pedagógicos, así como en las empresas de subordinación nacional, la elevación de la conciencia económica de los trabajadores y alumnos, comenzando pon el estricto cuidado de la propiedad social, el cumplimiento del Plan de Prevención, el control de la ejecución del presupuesto, la Resolución 297/03 sobre el Sistema de Control Interno y darle continuidad a lo orientado en la Carta Circular N° 18/05 del Comité Ejecutivo del Consejo de Ministros.

17. Para el cumplimiento de los objetivos priorizados debe precisarse en cada nivel de responsabilidad individual de metodólogos, funcionarios, dirigentes, docentes y alumnos, en la ejecución eficiente de las tareas que se precisen, debiendo someterse a una evaluación permanente el desempeño profesional.

ANEXO 2

ENCUESTAS A DIRECTIVOS

Objetivo: determinar información sobre el desempeño actual de los trabajadores de la información de la ETP y los factores que lo condicionan.

Estimado educador, la realización de una investigación sobre el desempeño profesional de los bibliotecarios escolares de la ETP, en la provincia Ciego de Ávila, considera necesaria su opinión al respecto. Rogamos la mayor veracidad en sus respuestas.

1- Centro en que trabaja. _____

2- Cargo _____

3- Nivel cultural y/o técnico _____

4- ¿Ha realizado investigaciones? _____

5- ¿Cuál es la misión del trabajador de la información de la ETP?

6- ¿Cuáles son sus funciones?

7- El trabajador de la información de la ETP se desempeña acorde con las funciones que debe realizar.

Sí ------- No-------

8- En caso negativo exprese el porqué.

9-¿Lo considera usted en condiciones de promover cambios importantes en el sector educacional? Asígneles categorías, entre 1 y 5 donde 1 es el mínimo y 5 es el máximo, según sea su criterio.

Posee los conocimientos ___ ___ ___ ___ ___

                                    1   2   3   4   5

Tiene las habilidades ___ ___ ___ ___ ___

                              1   2   3   4   5

Motivación ___ ___ ___ ___ ___

                   1   2   3   4   5

Actitudes ___ ___ ___ ___ ___

                1   2   3   4   5

10-¿Cuál considera usted que debe ser la principal dirección a tomar para materializar un impacto positivo de estos docentes en el Sistema Educativo?

_____

_____

_____

GRACIAS POR SU COLABORACIÓN

ANEXO 3

ENCUESTA A DOCENTES

Objetivo: obtener criterios valorativos de los docentes sobre el actual desempeño de los trabajadores de la información de la ETP.

Estimado(a) profesor(a), la realización de una investigación sobre el desempeño profesional de los bibliotecarios escolares de la ETP, en la provincia Ciego de Ávila, le estamos pidiendo su ayuda por considerar necesaria su opinión al respecto.

1. Características personales
   - Municipio _____
   - Centro donde trabaja _____
   - Última Graduación alcanzada:
     12mo ____ Técnico Medio ____ Pedagógico ____ Universidad ____
   - Grado científico
     Master _____
   - Cargo que desempeña como docente:
     Profesor(a) _____ Jefe(a) de Departamento _____
     Otro miembro de la estructura de dirección _____

2. ¿Considera importante la biblioteca escolar para el desarrollo del proceso docente educativo?
     Sí ____   No ____
   ¿Por qué?
   _____
   _____
   _____

3. ¿Cómo usted caracteriza a los bibliotecarios de su centro atendiendo a los siguientes aspectos, clasificándolos en un rango de 1 a 5 según el comportamiento, donde 1 es lo peor y 5 lo mejor? Marque con una X el lugar que le otorga.

- Liderazgo __ __ __ __ __
  1 2 3 4 5

- Calidad de los servicios __ __ __ __ __
  1 2 3 4 5

- Creatividad __ __ __ __ __
  1 2 3 4 5

- Comunicación __ __ __ __ __
  1 2 3 4 5

- Crecimiento profesional __ __ __ __ __
  1 2 3 4 5

- Respeto __ __ __ __ __
  1 2 3 4 5

- Cultura informacional __ __ __ __ __
  1 2 3 4 5

4. ¿Considera usted que estas docentes están en condiciones de promover cambios importantes en su escuela? Evalúeles en una escala donde 1 sea el mínimo y 5 el máximo.

- Posee los conocimientos __ __ __ __ __
  1 2 3 4 5

- Tiene las habilidades __ __ __ __ __
  1 2 3 4 5

- Motivación __ __ __ __ __
  1 2 3 4 5

- Actitud __ __ __ __ __
  1 2 3 4 5

5. ¿Cuál debe ser la principal dirección a tomar para materializar un impacto positivo de la biblioteca escolar en el proceso docente educativo en la ETP?

_____

_____

_____

6. ¿Qué consideración le merece, de manera general, el desempeño de estas docentes en tiempos de transformaciones?

GRACIAS POR SU COLABORACIÓN

ANEXO 4

Guía para la autoevaluación de las competencias para el desempeño del o la bibliotecario escolar de la ETP.

Objetivo: determinar los conocimientos, habilidades, motivación y actitudes y cualidades del bibliotecario escolar de la ETP para el ejercicio de su actividad.

Estimadas bibliotecarias, estamos realizando una investigación para la que necesitamos su decidida y entusiasta colaboración. Es necesario que al responder lo haga con el mayor acercamiento posible a la realidad.

Deseamos obtener información acerca de los conocimientos, habilidades, motivaciones, actitudes y cualidades que usted posee para desempeñarse en la actividad bibliotecaria dentro del proceso docente educativo considerando las siguientes dimensiones e indicadores. Exhortamos a que prime la honestidad, al ubicarse en la escala en la que se encuentra actualmente. Marque con una (X) según corresponda, teniendo en cuenta que **5 es el máximo** y **1 el mínimo.**

Dimensión cognitiva	5	4	3	2	1
1. Conocimientos sobre la gestión de la información y del conocimiento.					
1.1 Conocimientos sobre la política educacional, trazada por el Estado Cubano. (Transformaciones y prioridades. Sistema de trabajo político – ideológico. Resoluciones, circulares, el currículo de la biblioteca escolar)					
1.2. Conocimientos sobre la misión del SIED.					
1.3. Conocimientos sobre las funciones del bibliotecario en el sector.					
1.4. Conocimientos sobre la teoría de la información.					
1.5 Conocimientos sobre los estudios de usuarios (psicológicos, sociológicos, filosóficos. Categorías psicológicas: intereses, motivos, necesidades, aspiraciones, vivencias afectivas, motivación)					
1.6 Conocimientos sobre las potencialidades y posibilidades de otras instituciones de información.					
1.7. Conocimientos sobre las características de las distintas fuentes de información y los formatos en que puede presentarse ésta.					
1.8. Conocimientos sobre las vías para la obtención de la información y el conocimiento. (**Estrategias para la recuperación de la información**)					
1.9. Conocimientos sobre productos y servicios tradicionales y automatizados.					
1.10. Conocimientos de vías para evaluar la satisfacción de las					

necesidades formativas e informativas de los usuarios de la comunidad pedagógica.					
1.11. Conocimientos sobre el funcionamiento de los procesos cognoscitivos y los componentes de la competencia para su autorregulación, autoperfeccionamiento y autoevaluación.					
1.12. Conocimientos idiomáticos. (inglés)					
2. Conocimientos sobre diseño.					
2.1 Conocimientos generales sobre diseño curricular					
2.2. Conocimientos sobre la planificación de estudios de usuarios.					
2.3. Conocimientos sobre el diseño de productos y servicios bibliotecarios.					
2.4. Conocimientos sobre el diseño de actividades de educación de usuarios, incluidos las del currículo de la biblioteca escolar.					
2.5. Conocimientos sobre elaboración de estrategias de trabajo para la recuperación de la información y el conocimiento.					
2.6. Conocimientos sobre la elaboración de estrategias para la comunicación y para la evaluación de los productos y servicios.					
2.7. Conocimientos sobre el desarrollo de habilidades de diseño, su potenciación, autoperfeccionamiento y autoevaluación.					
3. Dominio sobre la teoría de la comunicación educativa.					
3.1. Conocimientos sobre los contextos comunicativos, sus características.					
3.2. Conocimientos psicopedagógicos sobre los sujetos de la comunicación educativa.					
3.3. Conocimientos sobre el desarrollo de los procesos comunicativos y los componentes de la competencia para su autorregulación, autoperfeccionamiento y autoevaluación.					
3.4. Dominio sobre la diseminación de la información y/o del conocimiento, así como las vías para lograrlo.					
4. Dominio la teoría sobre tecnología educativa.					
4.1. Dominar los conceptos y principios básicos de las TIC **(funciones de los principales componentes y de los diversos periféricos de un sistema de información y comunicación, funciones de los distintos programas y sus aplicaciones y su uso para el desarrollo profesional y personal)**					
4.2. Conocimientos sobre las potencialidades de las TIC para elevar la calidad del proceso de aprendizaje.					
4.3. Conocimientos sobre las potencialidades de las TIC para la gestión de la información y los conocimientos.					
4.4. Conocimientos sobre los contenidos de los software educativos disponibles para su educación (ETP).					
5. Dominio de las tendencias de la política científica internacional, nacional y territorial, programas nacionales y ramales, proyectos y problemas territoriales de educación.					
5.1. Dominio de la teoría de la Metodología de la Investigación Educativa y de sus paradigmas.					
5.2. Conocimientos sobre cómo ocurre y se desarrolla el proceso investigativo y de los componentes de la competencia investigativa para su					

autoevaluación. autorregulación y autoperfeccionamiento.					
5.3. Dominio de la Metodología de la Investigación Bibliotecológica y sus tendencias actuales.					
6. Dominio de la teoría y la metodología del trabajo social.					
6.1. Conocimientos sobre los contextos de la escuela, la familia, la comunidad. Sus características.					
6.2. Conocimientos sobre el funcionamiento de las organizaciones políticas, de masas, estudiantiles, gubernamentales.					
6.3. Conocimientos sobre la teoría y metodología de la dirección científica de la sociedad y de la educación.					
6.4. Dominio del desarrollo de los procesos sociales y de su interacción personal en los mismos, su autorregulación, autoperfeccionamiento y autoevaluación.					
6.5. Conocimientos sobre el papel de la información en la educación de la sociedad y el desarrollo de esta.					
6.6. Conocimientos sobre los antecedentes de la actividad bibliotecaria en el país, la provincia y el municipio.					
6.7. Conocimientos sobre el comportamiento de la actividad bibliotecaria y su contribución al desarrollo social.					
6.8. Dominio de las competencias profesionales del bibliotecario escolar.					
6.9. Conocimientos sobre la política trazada por el Estado Cubano para el desarrollo de la sociedad en sentido general.					
Dimensión procedimental					
1. Habilidades para la gestión de la información y el conocimiento.					
1.1 Saber identificar las prioridades informativas en razón de las exigencias educacionales.					
1.2 Saber orientarse en las diversas instituciones de información					
1.3 Saber formular solicitudes de productos y servicios, por distintas vías, a otras instituciones.					
1.4 Saber identificar las fuentes informativas y de conocimientos pertinentes para la unidad de información.					
1.5 Saber seleccionar las fuentes de información atendiendo a las características de la comunidad pedagógica.					
1.6 Saber utilizar las vías de adquisición de la información.					
1.7 Saber utilizar idioma inglés para mayores posibilidades en la recuperación de la información. (en la interacción con las máquinas y para la traducción de documentos relevantes)					
1.8 Saber procesar la información, tanto técnica como intelectualmente, contenida en los diversos soportes(Registrar, habilitar físicamente, catalogar, clasificar, Indizar, resumir, reseñar, evaluar, presentar)					
1.9 Saber registrar las fuentes de conocimientos (personales)					
1.10 Saber almacenar la información (activo y pasivo) contenida en los distintos soportes.					

1.11 Saber realizar estudios de usuarios en la comunidad pedagógica.(Determinación de las necesidades formativas e informativas, registrar las necesidades, segmentar los grupos de usuarios, jerarquizar (establecimiento de prioridades)					
1.12 Saber recuperar la información, en cualquier formato y por cualquier vía, atendiendo a las necesidades y demandas de la comunidad pedagógica (Trazar estrategias de búsqueda)					
1.13 Saber diseminar la información por distintas vías.					
1.14 Saber elaborar productos informativos con valor añadido (análisis crítico de la información)					
1.15 Saber determinar el producto y/o el servicio para la satisfacción de las necesidades y demandas de los usuarios; así como para dar respuesta al currículo de la biblioteca escolar.					
1.16 Saber evaluar el impacto de las prestaciones en la calidad del proceso pedagógico.					
2 Habilidades para el diseño del proceso infoeducativo.					
2.1 Saber diseñar estudios de usuarios.					
2.2 Saber diagnosticar y caracterizar las necesidades formativas e informativas de los usuarios.					
2.3 Saber clasificar y jerarquizar las necesidades.					
2.4 Saber seleccionar las fuentes de información para la preparación de productos y servicios, teniendo en cuenta las potencialidades de estas.					
2.5 Saber diseñar carpetas de productos y servicios para la satisfacción de las necesidades formativas e informativas de los usuarios de la comunidad pedagógica.					
2.6 Saber diseñar estrategias de búsqueda y recuperación de la información y el conocimiento.					
2.7 Saber planificar estrategias de comunicación con los usuarios.					
2.8 Saber planificar la evaluación de la satisfacción de las necesidades(formativas e informativas) a partir de la carpeta de productos y servicios diseñada.					
2.9 Saber diseñar actividades para la educación de usuarios, incluidas las del currículo de la biblioteca escolar para la ETP.					
2.10 Saber determinar la estructura didáctica de las actividades de educación de usuarios y su relación contextual.					
2.11 Saber derivar, determinar y formular objetivos formativos en concordancia con el diagnóstico, programas (currículo) y actividades de educación de usuarios.					
2.12 Saber seleccionar y estructurar los contenidos desde una concepción holística en que lo cognitivo, lo valorativo y lo vivencial sean considerados teniendo en cuenta los propósitos, necesidades e intereses de los usuarios y del centro docente.					
2.13 Saber planificar, orientar, ejecutar y evaluar la actividad de concursos como resultado de la interacción con la información y su conversión en conocimiento.					
2.14 Saber diseñar la estrategia de trabajo de la unidad de información.					
2.15 Saber trabajar en equipo con los demás docentes.					

3. Habilidades comunicativas					
3.1 Saber orientar y motivar a los usuarios hacia el intercambio de información y el conocimientos entre colegas propiciando el interaprendizaje y el intra- aprendizaje.					
3.2 Saber diseminar la información y el conocimiento a las diversas categorías de usuarios.					
3.3 Saber preparar a los usuarios para que se conviertan en difusores de información puntual en los diferentes contextos de actuación (convertirse en agentes de la información)					
3.4 Saber crear un ambiente favorable en torno al acceso y uso de la información y/o el conocimiento como contribución al desarrollo exitoso de proceso de enseñanza aprendizaje.					
3.5 Saber crear las condiciones necesarias, para que los usuarios se apropien de los contenidos, utilizando las fuentes y métodos acorde con las necesidades de éstos (Educación de usuarios)					
3.6 Saber motivar a los usuarios por la lectura y por el uso de la información y/o el conocimiento para propiciar su desarrollo personal y social.					
3.7 Saber conducir el proceso de asimilación de los usuarios propiciando la orientación, comprensión y evaluación a través de la autoevaluación, coevaluación y heteroevaluación con la permanente atención individual y grupal.					
3.8 Saber preparar información (oral, escrita, gráfica, digitalizada) para la satisfacción de las necesidades formativas e informativas de los usuarios. (productos informativos con valor añadido)					
3.9 Saber comunicar información y conocimientos relevantes a las necesidades derivadas de los estudios de usuarios realizados.					
3.10 Saber interactuar con el resto de los docentes para el logro del objetivo común (la formación integral de las actuales y futuras generaciones) (Saber trabajar en equipo)					
3.11 Saber comunicarse de modo adecuado tanto escrita, oral, como corporal atendiendo al contexto y la situación específica.					
3.12 Saber analizar los resultados del trabajo de gestión de la información y/o los conocimientos, de la educación de usuarios, y elaborar informes con la calidad requerida.					
3.13 Saber comunicar en los órganos técnicos y de dirección los resultados del proceso de gestión de la información y/o el conocimiento y de la formación de usuarios utilizando las TIC.					
3.14 Saber establecer relaciones de intercambio informativo y de conocimientos con otras instituciones y personalidades, que propicie el flujo informativo.					
3.15 Saber persuadir y orientar a los usuarios para la participación en los concursos.					
3.16 Saber escuchar a los usuarios y propiciar que se expresen libremente.					
3.17 Saber determinar cuándo el usuario necesita ayuda para la interacción con la información o con los portadores de esta y/o del conocimiento y auxiliarlo si fuera preciso.					

3.18 Saber persuadir, orientar y motivar a los usuarios para desarrollar el hábito de la lectura.				
4. Habilidades para el uso de las TIC				
4.1 Saber utilizar las TIC para la gestión de la información y/o el conocimiento y hacer uso de ellas.**(Selección, adquisición y descarte, procesamiento técnico e intelectual, almacenamiento y conservación, evaluación de la pertinencia de la información y el conocimiento, recuperación de la información y el conocimiento, difusión y/o diseminación selectiva de la información)**				
4.2 Saber utilizar la computadora, manejar archivos y carpetas				
4.3 Saber usar los procesadores de textos (para la elaboración de documentos escritos)				
4.4 Saber usar la hoja de cálculo (para listados, gráficos y otros)				
4.5 Saber elaborar y utilizar bases de datos. (establecer relación entre los datos, de gran utilidad para el investigador)				
4.6 Saber diseñar documentos y presentaciones gráficas.				
4.7 Saber diseñar productos y servicios utilizando las TIC.				
4.8 Saber utilizar las TIC en el proceso investigativo, como ejecutor y facilitador de este.				
4.9 Saber asesorar a los usuarios en el uso y manejo de la información utilizando de forma eficiente las TIC para contribuir al desarrollo de la cultura informacional.				
4.10 Saber utilizar las TIC en la concepción y ejecución de actividades de educación de usuarios, incluidas las del currículo de la biblioteca escolar.				
4.11 Saber evaluar el impacto de las TIC en los resultados de la unidad de información.(cantidad y calidad de los servicios, calidad del aprendizaje organizacional y de la comunidad pedagógica)				
4.12 Saber trabajar en equipo con el resto de los docentes y con expertos en el uso de las TIC para el intercambio de las mejores experiencias y el autoperfeccionamiento continuo.				
4.13 Saber comunicarse, utilizando las TIC, con fuentes personales, instituciones de información y usuarios de la comunidad pedagógica (correo electrónico)				
4.14 Saber estimular en los usuarios el uso de la información desde una perspectiva analítica.				
4.15 Saber elaborar página Web y contenido para ella, en función del proceso pedagógico.				
5. Habilidades investigativas.				
5.1 Como investigador del entorno educativo:				
5.1.1 Saber explorar la realidad educativa con enfoque investigativo.				
5.1.2 Saber planificar la actividad científico investigativa.				
5.1.3 Saber ejecutar el proceso de investigación.				

5.1.4 Saber procesar la información obtenida con la aplicación de los métodos.					
5.1.5 Saber comunicar los resultados de la actividad científica.					
5.1.6 Saber Introducir y generalizar los resultados en práctica educativa.					
5.2 Como facilitador de la generación de nuevos conocimientos:					
5.2.1 Saber identificar las fuentes del conocimiento en el entorno.					
5.2.2 Saber identificar las potencialidades del currículo de la biblioteca escolar para la formación de estudiantes hacia el perfeccionamiento de la actividad que desempeñan y desempeñarán.					
5.2.3 Saber identificar los líderes del conocimiento en la comunidad pedagógica y fuera de ella.					
5.2.4 Saber multiplicar los líderes del conocimiento. (crear equipos de conocimientos)					
5.2.5 Saber utilizar el conocimiento y la información internos y externos para facilitar el proceso investigativo					
5.2.6 Saber establecer las vías y divulgar los nuevos conocimientos generados.(conversatorios, exposiciones C-T)					
5.2.7 Saber establecer vínculos con fuentes personales y organizaciones productoras de conocimientos afines a la comunidad pedagógica. (comunicación)					
5.2.8 Saber establecer mecanismos para la captación de los resultados del proceso investigativo. (informes de investigación, presentaciones y otros)					
5.2.9 Saber comprobar la pertinencia del conocimiento y la información gestionados para la actividad investigativa.					
5.2.10 Saber evaluar las investigaciones realizadas por otros.					
6. Habilidades para la interacción social					
6.1 Saber orientar y motivar a los usuarios hacia objetivos colectivos, para que tributen al bienestar de la comunidad.					
6.2 Saber organizar y realizar actividades desde la biblioteca para contribuir a la educación ciudadana.					
6.3 Saber persuadir, colectivos de personas para la ejecución de tareas encaminadas al perfeccionamiento del proceso pedagógico.(incluye el desarrollo de la educación de los alumnos y demás sujetos que intervienen en el mismo)					
6.4 Saber apoyar el trabajo de las organizaciones políticas, de masas, estudiantiles, gubernamentales para propiciar un ambiente adecuado de la educación de los alumnos y demás ciudadanos de la comunidad.					
6.5 Saber aprender de la práctica social.					
6.6 Saber aceptar las limitaciones de sus propias explicaciones.					
6.7 Saber comprender otros puntos de vista.					

6.8 Saber superar el dogmatismo y el esquematismo.					
6.9 Saber reflexionar cuidadosamente sobre las consecuencias de su acción en lo personal, intelectual y sociopolítico.					
6.10 Saber apreciar el entorno.					
6.11 Saber identificar las necesidades formativas e informativas de la familia y de la comunidad donde interactúa el(la) educando (ambiente escolar) así como donde reside el propio bibliotecario.					
6.12 Saber ofrecer la información adecuada para satisfacer las necesidades informativas y/o formativas en la comunidad.					
6.13 Saber utilizar las unidades de información o fuentes de conocimiento de la comunidad en función de la educación de sus miembros.					
6.14 Saber compulsar a los miembros de la comunidad hacia el uso de la información y/o de los conocimientos en aras de su perfeccionamiento como ciudadanos.					
6.15 Saber estimular a los miembros de la comunidad hacia la lectura.					
6.16 Saber planificar y ejecutar actividades donde se promueva la reflexión en torno a temas puntuales de la sociedad.					
6.17 Saber crear un ambiente propicio y de reconocimiento a la labor bibliotecaria.					
Dimensión motivacional afectiva.					
1. Motivación por la gestión de la información y el conocimiento:					
1.1 Disposición constante para trabajar con la información y el conocimiento					
1.2 Satisfacción por cubrir con eficiencia las necesidades formativas e informativas de los usuarios de la comunidad pedagógica					
1.3 Orgullo por su realización como profesional, dada la importancia de su labor para el éxito del proceso pedagógico					
1.4 Aspiración a ser mejor cada día en la actividad infoeducativa y autosuperarse técnica y culturalmente (mejoramiento profesional y personal)					
2. La motivación para el diseño del proceso infoeducativo					
2.1 Sentirse estimulado por la actividad de diseño del proceso infoeducativo.					
2.2. Sentirse estimulado hacia el diseño de las actividades contenidas en el currículo de la biblioteca escolar.					
2.3 Sentirse comprometido con la calidad de los productos y servicios diseñados para la optimización del proceso pedagógico.					
2.4 Disponerse al perfeccionamiento del diseño del proceso infoeducativo.					
3. Motivación para la comunicación					
3.1 Disposición para la conducción del proceso de comunicación infoeducativa con los usuarios.					

3.2 Orgullo como profesional con el logro de la comunicación con calidad de productos informativos y en la conducción de actividades de educación de usuarios, incluidas las del currículo de la biblioteca escolar.					
3.3 Sentir placer al recuperar información y conocimientos pertinentes y comunicarlos al usuario.					
3.4 Disposición hacia la dinamización de la actividad de concurso.					
3.5 Sentir placer por la lectura.					
3.6 Mostrar disposición para servir a los demás.					
3.7 Aspiración al perfeccionamiento continuo del proceso de comunicación infoeducativa en los diversos contextos de actuación.					
4. Motivación para el uso de las TIC					
4.1 Satisfacción personal por la calidad de los servicios a partir de la utilización de las TIC en función del proceso docente educativo.					
4.2 Disposición constante a laborar en el desarrollo de la cultura informacional de los usuarios.					
4.3 Motivado por el perfeccionamiento continuo de la actividad infoeducativa.					
5. Motivación hacia la actividad científico informativa					
5.1 Disposición para el perfeccionamiento de la actividad bibliotecológica en función del proceso pedagógico.					
5.2 Satisfacción y orgullo por la contribución a la calidad de la educación por la acción facilitadota y ejecutora del proceso investigativo.					
5.3. Satisfacción por la contribución del currículo de la biblioteca escolar a la formación investigativa de los estudiantes.					
5.4 Regocijo por la pertinencia del conocimiento y/o la información gestionados para el proceso investigativo.					
5.5 Aspiración al mejoramiento de la actividad científica teniendo como premisa la sistematicidad en su preparación.					
5.6 Disposición al trabajo en grupos. (facilitador y socializador de la información)					
6. Motivación para la interacción social					
6.1 Sentirse estimulado por la contribución de su labor a la sociedad.					
6.2 Sentirse orgulloso al ser abordado, en cualquier contexto, para la atención a problemas informacionales.					
Sentimiento de compromiso con la actividad bibliotecaria como contribución al perfeccionamiento de la educación en particular y la sociedad en general.					
6.4 Sentirse estimulado hacia su autoperfeccionamiento constante como profesional.					
6.5 Sentirse orgulloso de su profesión al apreciarla como vía de crecimiento profesional y personal.					
6.6 Sentirse orientado hacia el éxito en su desempeño social.					

6.7 Sentirse dispuesto a enfrentar los cambios en el orden social con un pensamiento flexible y divergente.					
Dimensión actitudinal (cualidades)					
7. Sistemático en el esfuerzo por el dominio de la cultura.					
• Amante de la lectura					
• Actualizado					
• Estudioso					
• Observador					
• Escudriñador (buscador, registrador)					
• Mente ágil					
• Dinámico					
• Organizado					
• Selectivo					
• Oportuno					
• Responsable					
• Buscador incansable					
• Perpetuo insatisfecho					
• Imaginativo					
• Intuitivo					
• Flexible					
• Soñador					
• Inquisitivo					
• Laborioso					
• Amante de la profesión bibliotecaria					
• Audaz					
• Solícito					
• Persuasivo					
• Paciente					
• Comunicador					
• Afable					
• Respetuoso					
• Creativo					
• Innovador					
• Crítico					

• Indagador					
• Perfeccionista de su labor					
• Renovador					
• Pensamiento flexible					
• Exigente consigo y con los demás					
• Honesto					
• Independiente					
• Apegado a la ética					
• Socializador					
• Promotor cultural					
• Líder en su entorno					
• Solidario					
• Empático					
• Perceptivo					
• Ejemplo como ser humano revolucionario					

MUCHAS GRACIAS.

ANEXO 5

ENTREVISTA PERSONAL A BIBLIOTECARIOS ESCOLARES DE LA ETP

Objetivo: determinar los conocimientos que poseen los bibliotecarios escolares de la ETP sobre su misión y las funciones que deben desempeñar en el proceso docente educativo y los factores que lo condicionan.

Queridos bibliotecarios, la realización de una investigación sobre el desempeño profesional de los trabajadores de la información de la ETP en la provincia Ciego de Ávila, necesita de su colaboración. Rogamos la mayor sinceridad en sus respuestas.

Centro en que trabaja. _____

Nivel cultural y/o técnico _____

1. ¿Cuál es la misión del trabajador de la información de la ETP?

   ----

2. ¿Cuáles son sus funciones como bibliotecario(a) escolar en la ETP?

3. ¿Se siente usted en condiciones ideales para enfrentar las actuales transformaciones educacionales?

4. ¿Según su criterio qué limitaciones aún posee usted?

5. ¿Cómo se ha preparado usted para desempeñarse en el sector educacional?

6. ¿Lo considera suficiente?

7. ¿Cuál es su superación en el presente curso escolar?

8. ¿A partir de qué criterios se le indicó esa superación?

9. ¿Está incorporado(a) a alguna investigación científica? ¿A cuál? ¿Con qué objetivo?

10. ¿Cómo se inserta su accionar al trabajo metodológico del centro?

Gracias por su colaboración

Guía   para el análisis de documentos

Objetivo: determinación de las regularidades en la evaluación del desempeño como bibliotecario escolar de la ETP.

1. Dimensiones e indicadores que se tienen en cuenta para la evaluación del desempeño del bibliotecario escolar de la ETP.

2. Evaluación recibida.

3. Sugerencias para el mejoramiento del desempeño.
   - Superación
   - Investigación

4. Inclusión en la estrategia de superación del centro docente.

5. Inclusión en el Plan de Ciencia y Técnica del centro.

6. Normativas emitidas para el proceso de evaluación del desempeño del bibliotecario escolar de la ETP. (Resoluciones, circulares, indicaciones, precisiones)
   - Dimensiones e indicadores.

Relación de documentos que se someten al proceso de análisis

- Planes de estudio de la formación inicial del bibliotecario escolar.
- Estrategias de trabajo de municipios y provincia (SIED)
- Certificados de evaluación de los bibliotecarios escolares.
- Carta circular No 19 / 2001: orientaciones para el trabajo de la biblioteca escolar en la Educación Primaria y Especial.
- Resoluciones Ministeriales 81 / 06, 105 / 06, 78 /03.

ENTREVISTA A LOS RESPONSABLES DE SISTEMA

OBJETIVO: caracterizar el proceso de evaluación del desempeño de los bibliotecarios escolares de la ETP y la proyección para el desarrollo de estos.

Estimada compañera se está desarrollando una investigación relacionada con el perfeccionamiento del desempeño profesional del bibliotecario escolar de la ETP en la Provincia, con la que se pretende obtener resultados que tributen a la calidad del proceso pedagógico. Por esta razón pedimos su colaboración.

A partir del resultado de visitas efectuadas a los centros de la ETP, que usted dirige, refiérase a los siguientes aspectos:

1. ¿Cómo se realiza el proceso de evaluación del desempeño de los bibliotecarios escolares de los centros de la ETP?

   • Indicadores que se miden actualmente en esta educación.

2. ¿La preparación de este trabajador ha incidido en evaluaciones negativas de su desempeño?

   • Proyección para el desarrollo profesional (superación, actividad científica investigativa)

3. ¿Qué participación tiene usted en ese proceso?

4. Inclusión de los bibliotecarios escolares de la ETP en el plan de superación y en el de actividades científico - investigativas de cada centro.

   • Reflejo en el convenio individual de las tareas.

5. ¿Poseen la preparación necesaria para lograr un desempeño eficiente teniendo en cuenta las transformaciones educacionales?

6. ¿A su modo de ver en qué aspectos necesitan prepararse o profundizar? ¿Por qué?

7. ¿Cómo usted proyecta la superación de estos docentes a nivel de municipio?

8. ¿Cuál es la misión del bibliotecario escolar de la ETP y cuáles sus funciones?

¡GRACIAS POR LA ATINADA COLABORACIÓN!

ANEXO 8

ESCALA PARA MEDIR EL RESULTADO DE LA AUTOEVALUACIÓN DE LAS COMPETENCIAS PARA EL DESEMPEÑO DEL BIBLIOTECARIO ESCOLAR DE LA ETP.

5 Cuando demuestra en su actuación, conocimientos, habilidades, motivaciones, actitudes y cualidades sólidas que le permitan desempeñarse a plenitud en la actividad bibliotecaria, logrando sea efectiva para el proceso docente educativo. **Se considera muy alto.**

4 Cuando demuestra en su actuación, conocimientos, habilidades, motivaciones, actitudes y cualidades sólidas que le permitan desempeñarse en la actividad bibliotecaria de manera efectiva. **Se considera alto.**

3 Cuando muestra en su actuación los conocimientos, las habilidades, las motivaciones, las actitudes y cualidades, de manera parcial, para desempeñarse en la actividad bibliotecaria. **Se considera medio.**

2 Cuando evidencia en su actuación poco dominio de los conocimientos, las habilidades, las motivaciones, las actitudes y mostrar limitaciones en las cualidades para su desempeño en la actividad bibliotecaria . **Se considera bajo.**

1 Cuando evidencia en su actuación no tener dominio de los conocimientos, las habilidades, las motivaciones, las actitudes y carecer de cualidades, para desempeñarse en la actividad bibliotecaria **Se considera muy bajo.**

COMPORTAMIENTO DE LAS DIMENSIONES E INDICADORES ANTES Y DESPUÉS

No	NOMBRES	CONOCIMIENTOS							HABILIDADES							MOTIVACIONES							ACTITUDES
		G	D	C	TIC	I(f)	I(e)	S	G	D	C	TIC	I(f)	I(e)	S	G	D	C	TIC	I(f)	I(e)	S	
1	Yana	4	4	3	3	4	3	5	3	4	3	2	4	2	5	4	4	3	3	4	3	5	4
		5	4	4	4	5	3	5	4	4	4	3	5	3	4	4	4	4	4	5	4	5	4
2	Amalia	2	4	4	2	4	3	4	4	4	4	3	4	2	4	4	5	5	4	5	4	5	4
		4	4	4	3	5	4	5	4	5	4	3	5	3	5	4	5	5	4	5	4	5	5
3	Minela	2	3	2	2	3	2	4	2	3	2	2	3	2	4	3	3	3	3	3	2	4	5
		4	3	3	3	4	3	5	4	4	4	2	4	2	5	3	4	4	4	5	5	5	5
4	Marlene	2	3	3	3	3	2	4	3	3	3	2	4	3	4	3	3	4	3	4	3	4	4
		3	3	4	3	4	4	5	4	4	4	2	4	3	5	4	4	5	3	5	5	5	5
5	Sandra	4	5	4	3	5	4	5	4	4	4	2	5	3	5	4	4	4	3	5	4	5	5
		5	5	5	4	5	5	5	5	4	5	3	5	4	5	5	5	5	4	5	5	5	5
6	Gina	4	4	3	2	3	3	4	4	4	3	2	3	2	5	4	5	4	3	4	3	5	5
		4	4	4	3	4	4	5	4	4	4	3	4	3	5	5	5	5	4	5	5	5	5
7	Gladys	2	3	3	2	3	3	4	3	4	2	2	3	2	4	2	2	2	3	4	2	4	4
		3	4	3	3	3	3	4	3	4	4	2	3	2	4	4	4	5	3	4	3	4	4
8	María Asunción	3	3	3	2	3	2	3	3	4	3	2	3	2	3	3	4	3	3	4	3	4	4
		4	5	4	3	4	3	4	4	4	4	3	4	3	4	4	5	4	4	4	3	3	4
9	Elizabeth	3	3	3	4	4	3	4	4	4	4	5	4	3	4	4	5	4	5	3	4	4	4
		4	4	5	4	4	4	4	4	4	4	5	4	3	4	5	4	4	5	4	5	4	4
10	María	2	4	2	2	3	2	4	2	3	3	2	3	2	5	2	3	3	2	4	3	5	5
		4	4	4	3	3	4	5	4	4	4	3	4	3	5	4	4	5	5	4	4	4	5
11	Marielkys	3	4	4	2	4	3	4	3	3	4	2	4	3	4	3	4	4	3	3	3	3	4
		-	-	-	-	-	-	-	-	-	-	-	-	-	-	-	-	-	-	-	-	-	-

Leyenda   ☐ **Antes**   ☐ **Después**

ANEXO 10   COMPORTAMIENTO POR DIMENSIONES

No	Nombres	Conocimientos		Deprimidos en		Habilidades		Deprimidos en		Motivaciones		Deprimidos en	
		Antes	Después	Antes	Después	Antes	Después	Antes	Después	Antes	Después	Antes	Después
1	Yana	3,7	4,3	-	-	3,3	3,9	TIC Inv. e	-	3,7	4,4	-	-
2	Amalia	3,3	4,1	G TIC	-	3,3	4,1	G Inv.e	-	4	4,4	-	-
3	Minela	2,6	3,8	G C TIC Inv.e	-	2,6	3,8	G C TIC Inv. e	TIC Inv. e	3	4,4	Inv. e	-
4	Marlene	2,7	3,7	G TIC Inv.e	-	3,1	3,7	TIC	TIC	3,6	4,6	-	-
5	Sandra	4,3	4,9	-	-	3,8	4,4	TIC	-	4,1	4,9	-	-
6	Gina	3,3	4	TIC	-	3,3	3,9	TIC Inv.e	TIC	4	4,3	-	-
7	Gladys	3,3	3,4	G TIC Inv. e	-	2,7	3,1	C TIC Inv. e	TIC Inv. e	2,9	4	C Inv. e G	-
8	María Asunción	2,9	3,9	TIC Inv. e	-	2,6	3,7	TIC Inv. e	-	3,6	4	-	-
9	Elizabeth	3,6	4,3	-	-	4	4,1	-	-	4	4,6	-	-
10	María	2,7	3,9	G C TIC Inv.e	-	2,9	3,9	G TIC Inv. e	-	3,1	4,1	G TIC	-
11	Marielkys	3,4	No	TIC	No	3,1	-	G TIC	No	3,3	No	-	No

Leyenda   □ Antes   □ Después

ANEXO 11   ESQUEMA   DE   LAS   COMPETENCIAS   DEL   BIBLIOTECARIO   ESCOLAR

COMPETENCIAS   DEL   PROFESIONAL   BIBLIOTECARIO   ESCOLAR

| GESTIÓN DE LA INFORMACIÓN Y DE LOS CONOCIMIENTOS | PARA EL DISEÑO DEL PROCESO | COMUNICATIVA | PARA EL USO Y MANEJO DE LAS TIC | INVESTIGATIVA | SOCIAL |

DESEMPEÑO DEL BIBLIOTECARIO ESCOLAR DE LA ETP

ANEXO 12

BIBLIOGRAFÍA PARA EL DESARROLLO DE LOS TALLERES

1. EL BIBLIOTECARIO DEL SECTOR EDUCACIONAL, Y DE LA ETP ANTE LOS DESAFÍOS DE UN MUNDO CAMBIANTE

Nuevos retos del profesional de la información a las puertas del tercer milenio.
<http//:www.bvs.sld.cu/revistas/uni/v.1 1 00/uni02100.htm>

PONJUÁN DANTE, G. El gran espacio en que no estamos. Reflexiones en torno al lugar del profesional de la información en la era del cambio. – p. 219-226. -- En: Ciencias de la Información, Vol. 27, No. 4.-- La Habana, diciembre de 1996.

_____. La nueva postura del profesional de información. -- p. 157-161 – En: Ciencias de la Información,   Vol. 26, No. 4.-- La Habana, diciembre de 1995.

RODRÍGUEZ DOMÍNGUEZ, MARÍA DEL CARMEN. Propuesta del modelo profesional por competencias para el bibliotecario escolar (material digitalizado, 2005.

SÁNCHEZ TARRAGÓ, NANCY. El profesional de la información en los contextos educativos de la sociedad del aprendizaje: espacios y competencias . – En: ACIMED 2005. Disponible en:
http://bvs.sld.cu/revistas/aci/vol13_2_05/aci02205.htm

Transformaciones educacionales y en la ETP. (Material digitalizado)

VALERA ALFONSO, ORLANDO. Problemas actuales de la pedagogía y la psicología pedagógica. -- Colombia : Ed. EDITEMAS AVC, Santafé,1998.

2. GESTIÓN DE LA INFORMACIÓN Y LOS CONOCIMIENTOS

Acceso a la información en la era de la globalización.
<http//:www.launion.edu.pe/info99-26.htm>

ARTILES VISBAL, SARA Y FIDEL GARCÍA GONZÁLEZ. Cultura Informacional: Estrategias para el desarrollo de la sociedad de la información y el conocimiento.-- p. 49-62. – En: Ciencias de la Información, Vol. 32, mar.-jun 2000.

Compendio de conceptos de información. (Material fotocopiado) Conceptos y funciones de la biblioteca escolar. 20 de mayo 2005.

<http://agabel00.tripod.com/concepto.htm#CONCEPTO >

CORNELLA, ALFONSO. El nuevo rol del profesional de la información, 2005. Consultado: diciembre 2005.

http://www.extra- net.net/articulos/en990625.htm

CRUZ PAZ, ANDRÉS. Esquema de tipos de fuentes informacionales. (Material fotocopiado)

FALOH BEJERANO, RODOLFO. Gestión del conocimiento : conceptos, aplicaciones y experiencias / Rodolfo Faloh Bejerano , María C. Fernández de Alaiza. – En: Serie Gerencia en Ciencias e Innovación : Academia, (s.a.)

FERNÁNDEZ PINEDO, MIGUEL. La gestión del conocimiento: el tercer factor. – Madrid : knowledge management, 2000.

GOÑI CAMEJO, IVIS. Algunas reflexiones sobre el concepto información y su implicación para el desarrollo de las Ciencias de la Información. – En: ACIMED, 2000; 8 (3) : 2001.

MACÍAS CHAPULA, CESAR. Gestión de la Información. Fotocopia. 8 p.

NÚÑEZ PAULA, ISRAEL A. Bases Teórica y Metodológica en la Formación de Recursos Humanos para la Gestión de la Inteligencia y del Aprendizaje en las Organizaciones o Comunidades. -- Tesis presentada para la obtención del grado de Máster en Psicopedagogía. Dirección Docente y Metodológica.—Universidad de La Habana. Julio de 1999.

_____. Guía metodológica para el estudio de las necesidades de formación e información de los usuarios o lectores.-- 2da. Edición. – En: ACIMED No. 3, **1997**. Versión electrónica en: http://bvs.sld.cu/revistas/aci/aci06397.htm.

_____. Pasos para introducir la función de gestión del aprendizaje en las bibliotecas. (Documento en formato electrónico)

_____. Usos y definiciones de los términos relativos a los usuarios o clientes. El enfoque gerencial y el contexto organizacional o comunitario para precisar quiénes son los Usuarios de una entidad de información. (Documento en formato electrónico)

PAÉZ. U.I ¿Qué es la gestión de información? .—p. 1-3. – En: INFOLAC, 1990.

PONJUAN, G. Gestión de información en las organizaciones. Santiago, CECAPI, 1998.

STANISLAV RAQUELOV. Gestión de la información y los conocimientos en las organizaciones. – En: BIBLIOS No. 12, abril – junio, 2002.

4. COMUNICACIÓN EDUCATIVA

BÁXTER PÉREZ, ESTHER. La comunicación educativa, ¿le corresponde sólo al maestro? [disquete]. - - Instituto Central de Ciencias Pedagógicas : Ministerio de Educación, 1998. - - 1 disquete. - - [Consulta: 8 abr. 2005.]

DOMENECH, CARME. Educar para la comunicación. -- p. 3-9. -- En Taller de la palabra. Selección, introducción y notas de la Prof. Rosario Mañalich Suárez. – La Habana : Ed. Pueblo y Educación, 1999.

FERNÁNDEZ GONZÁLEZ, ANA M. Comunicación educativa/ Ana M. Fernández González, María I. Alvarez Echevarría. -- La Habana: Editorial Pueblo y Educación, 1995.

GONZÁLEZ CASTRO, VICENTE. Profesión Comunicador. -- La Habana : Editorial Pablo de la Torriente.

GONZÁLEZ REY, FERNANDO. Comunicación, personalidad y desarrollo. -- La Habana : Editorial Pueblo y Educación, 1995.

LICEA DE ARENAS, JUDITH. La comunicación y divulgación del conocimiento Científico. -- p.183-185. -- En Ciencias de la información. vol.26, no. 4. -- La Habana, dic. 1995

SOTO DÍAZ, MANUEL. La comunicación pedagógica desde un enfoque Personológico : Curso 45 : Pedagogía 2001.

VISCAYA ALONSO, DOLORES. Lenguaje e información. -- p. 09-117.-- En Ciencias de la información. vol.28, no.2. -- La Habana, junio 1997.

5. LAS TIC Y EL BIBLIOTECARIO ESCOLAR DE LA ETP

ALLENDE SULLIVAN, PM. El impacto de las nuevas tecnologías en la competencia laboral del bibliotecario del siglo XXI. Disponible en: http://bibliotecas.rcp.net.pe/biblios/ . Consultado: octubre del 2005.

CABADA ARENAL MT. El profesional de la información ante los desafíos del paradigma tecnológico, 2001. Disponible en: http://scielo.sld.cu/scielo.php?script=sci_arttext&pid=S1024-94352001000300005&lng=es&nrm=iso Consultado: nov. 2005.

FERNÁNDEZ ABALLÍ, ISIDRO. Nuevas Tecnologías de la Información y la comunicación / Isidro Fernández Aballí. - - p. 57-66. - - En UNESCO. - - No. 6. - - Montevideo, jun. 1996.

GONZÁLEZ VALDÉS, ROSA M. Las nuevas tecnologías de la información / Rosa M. González Valdés.- - p. 38-43.- - En Revista Educación.- - La Habana, sep-dic. 2003.

Software educativos para la ETP (Colección FUTURO)

LUGO HUBP, M. Cómo afecta a la profesión bibliotecaria el uso de las nuevas tecnologías]. Disponible en: http://www.ambac.org.mx/publicaciones/V3N4.html . Consultado: octubre de 2005.

6. EL PERFECCIONAMIENTO DE LA ACTIVIDAD BIBLIOTECARIA POR LA VÍA CIENTÍFICA.

BUSHA, CHARLES A. Métodos de investigación en Bibliotecología. Técnicas e interpretación / Charles H. Busha y Stephen P. Harter.--- México: Universidad Nacional Autónoma, 1990.

Metodología de la Investigación Educacional / Gastón Pérez Rodríguez... [et al]. - - Ciudad de La Habana : Ed. Pueblo y Educación, 2001.

CHIRINO RAMOS MARÍA VICTORIA. La investigación en el desempeño profesional pedagógico. – En: Profesionalidad y práctica pedagógica. Compilación : Gilberto García Batista y Elvira Caballero Delgado. __ La Habana : Editorial Pueblo y Educación, 2004. – p. 60.

RÍOS-RODRÍGUEZ, LILLIAN E. Método Científico y Diseños de Investigación: Power Point elaborado por Lillian E. Ríos-Rodríguez.-- BIOE 6525.

VALERA ALFONSO, ORLANDO. La información científica en la investigación educativa. – En Metodología de la Investigación Educacional / Gastón Pérez Rodríguez ... [et al] . – La Habana : Editorial Pueblo y Educación, 2001.

ANEXO 13

MI TRANSFORMACIÓN PARA UN DESEMPEÑO PROFESIONAL EFICIENTE

Objetivo.- Evaluar los avances alcanzados en la preparación para un desempeño eficiente en la ETP. Le rogamos que responda con la mayor sinceridad. Sus criterios son de inestimable valor para esta investigación científica.

1. _ ¿Me he transformado?

   Sí ----   No -------

2. _ ¿En qué sentido?

   Positivamente ____   Negativamente ____

3. ¿En qué me he transformado?

_____

_____

_____

1. ¿Cuánto me falta aún?

COMPETENCIAS	CONOCIMIENTOS					HABILIDADES					MOTIVACIONES					CUALIDADES				
	1	2	3	4	5	1	2	3	4	5	1	2	3	4	5	1	2	3	4	5
Gestión de la información y los conocimientos																				
Comunicativa																				
Investigativa (ejecutor / facilitador)																				
Las TIC y el proceso de enseñanza aprendizaje en la ETP																				

Evalúese en las categorías de 1 a 5 donde 5 es el máximo y 1 es el mínimo.

5. Solicitamos de Ud. Sugerencias para el perfeccionamiento continuo de su desempeño profesional.

GRACIAS

EL SISTEMA DE INFORMACIÓN PARA LA EDUCACIÓN
PROVINCIA DE CIEGO DE ÁVILA

Otorga el presente

CERTIFICADO

A:

Por su asistencia, participación y aprovechamiento en el ciclo de talleres de capacitación para el perfeccionamiento del desempeño profesional de los bibliotecarios escolares de la ETP

Dado en Morón, a los 4 días del mes de julio del 2007

Lic. Emeria Ulloa
Responsable del SIED Provincial

Lic. María del C. Rodríguez D.
Coordinadora de los talleres

ANEXO 15

ESQUEMA DE LA ESTRATEGIA

Referentes teóricos

Diagnóstico de la realidad

Determinación de las necesidades de preparación de los bibliotecarios escolares de la ETP

¿Cómo contribuir al perfeccionamiento del desempeño del bibliotecario escolar de la ETP en la provincia de Ciego de Ávila?

Capacitar a los bibliotecarios escolares de la ETP para el perfeccionamiento de su desempeño profesional

ETAPAS DE LA ESTRATEGIA

Preparación de las condiciones previas

Ejecución de la estrategia

Evaluación de la implementación

ACCIONES DE LA ESTRATEGIA DE CAPACITACIÓN

EVALUACIÓN CIENTÍFICA

MATERIAL SUPLEMENTARIO

Definiciones de Información

INFORMACIÓN:
Procede del vocablo latino *informatio*, que significa *noción, idea, representación.*
Küfer de Hanania, Mirtha Ana. Introducción a la Bibliotecología.-- Posadas : Universidad Nacional de Misiones, Facultad de Humanidades y Ciencias Sociales, Departamento de Bibliotecología, 1997.-- p.12.

INFORMACIÓN:
Según su etimología informar es "dar forma"
Maidana, Elena. La Información. En: Introducción a la Bibliotecología. Küfer de Hanania, Mirtha Ana.-- Posadas : Universidad Nacional de Misiones, Facultad de Humanidades y Ciencias Sociales, Departamento de Bibliotecología, 1997.-- p.16.

INFORMACIÓN:
"…la información es una comunicación o una acción -para añadir más tarde-, la información está contenida en el documento y es una de sus principales propiedades.
Cotoure des Troismonts, R. Manual de técnicas de documentación.-- Buenos Aires : Marymar, 1975.-- p.15.
Citado por: García Gutiérrez, Antonio Luis. Lingüística documental.-- Barcelona : Editorial Mitre, 1984.-- p.38.

INFORMACIÓN:
Información es acción de in-formar, con-formar, dar forma.
Currás, Emilia. Tratado sobre Ciencia de la Información.-- Rosario : UNR Editora, 1996.-- p. 41.

INFORMACIÓN:
"…el quantum de impacto recibido del exterior que modifica nuestro estado de conocimiento."
Currás, Emilia. Tratado sobre Ciencia de la Información.-- Rosario : UNR Editora, 1996.-- p. 41.

INFORMACIÓN:
"…información es el proceso pragmático de interacción con el mundo ambiental que le rodea. Es el resultado de estar consciente, de estar vivo."
Debons, A. y K. Otten. Towards a Metascience of Information Informatology. Journal of the American Society for Information Science 21(1):91, 1970.
Citado por: Ponjuán Dante, G. Gestión de Información en las organizaciones: principios, conceptos y aplicaciones.-- Chile : CECAPI - Universidad de Chile, 1998.-- p.3.

INFORMACIÓN:
Ilustración, aprendizaje, datos de referencia.

Der Grobe Brockhaus in 12 Bänden. 16. Aufl., 5. Bd. Wiesbaden : Brockhaus, 1954.

Citado por: Bonitz, Manfred. Las bases teóricas de la información. Información-Conocimiento-Informática. International Forum of Information and Documentation. 15(2), april, 1990.

INFORMACIÓN:

"...la información es el conocimiento (el saber) que circula, la información es a la vez un conjunto de actividades y un conjunto de conocimientos detenidos por unos sujetos. Ella es un conjunto de actividades en el trayecto que va del informador al informado, pero detenida por el informado se convierte en un conjunto de conocimientos. Saber e información son dos fenómenos complementarios y cada uno de ellos puede ser definido a partir del otro: saber es disponer de una información almacenada; informar es modificar el reparto entre aquellos que saben y aquellos que no saben... el concepto fundamental es aquí que la información tiene un valor, su valor reside ante todo, en el poder que ella confiere a aquel que la posee.

García, Marcelino A. Cuaderno de información. En: Proyecto de investigación de las teorías de la comunicación y las prácticas de los medios locales. Secretaría de investigación. Facultad de Humanidades y Ciencias Sociales. Universidad Nacional de Misiones.

Citado por: Maidana, Elena. La Información. En: Introducción a la Bibliotecología. Küfer de Hanania, Mirtha Ana.-- Posadas : Universidad Nacional de Misiones, Facultad de Humanidades y Ciencias Sociales, Departamento de Bibliotecología, 1997.-- p.16.

INFORMACIÓN:

Todas las ideas, hechos y trabajos imaginativos de la mente que se han comunicado, registrado, publicado y/o propagado formal o informalmente, en cualquier forma.

Glosario de Bibliotecología y Ciencia de la Información de la ALA (American Library Association).

INFORMACIÓN:

La información es un cúmulo de signos a los que alguien les imprime un significado al enunciarlo y al que un intérprete le imparte también un significado.

Jungeleussen, H. Informatik und Physik-Wehselbeziehungen und Wechselwirkungen. Wiss. Beitr. Infor.- 12d. Hochschulweseus an der TU Dresden 2, 1988, No.2, 4-13.

Citado por: Bonitz, Manfred. Las bases teóricas de la información. Información-Conocimiento-Informática. International Forum of Information and Documentation. 15(2), april, 1990.

INFORMACIÓN:

La información es la capacidad de los signos de producir imágenes.

Kempe, V. Information-Informationstechnik-Informatik. GI-Mitteinlungen 1, 1986, No.1, 8-24.

Citado por: Bonitz, Manfred. Las bases teóricas de la información. Información-Conocimiento-Informática. International Forum of Information and Documentation. 15(2), april, 1990.

INFORMACIÓN:

Es la expresión material del conocimiento para que este sea utilizado.

Küfer de Hanania, Mirtha Ana. Introducción a la Bibliotecología.-- Posadas : Universidad Nacional de Misiones, Facultad de Humanidades y Ciencias Sociales, Departamento de Bibliotecología, 1997.-- p.12.

INFORMACIÓN:

Información es la medida de "originalidad" de un mensaje…

La información es un dato con sentido para quien lo posee. Significa una diferencia que ayuda, gracias a la reducción de incertidumbre, a elegir entre un número de alternativas probables, actuar, tomar decisiones, resolver problemas.

Maidana, Elena. La Información. En: Introducción a la Bibliotecología. Küfer de Hanania, Mirtha Ana.-- Posadas : Universidad Nacional de Misiones, Facultad de Humanidades y Ciencias Sociales, Departamento de Bibliotecología, 1997.-- p.16.

INFORMACIÓN:

"…es todo aquello que modifica permanentemente (referido a tiempos humanos) la estructura de un cuerpo, o modula la extensión o la transición de una forma de energía."

Molina Campos, Enrique. Teoría de la biblioteconomía.-- Granada : Universidad de Granada. 1995.-- p.192.

INFORMACIÓN:

Llamamos información, en sentido colectivo, a las modificaciones que, recibidas del ambiente, sufre un sistema en referencia a los poderes de regulación del mismo.

Molina Campos, Enrique. Teoría de la biblioteconomía.-- Granada : Universidad de Granada. 1995.-- p.190.

INFORMACIÓN:

"datos o materia informacional relacionada o estructurada de manera actual o potencialmente significativa"

Paz Urdaneta. Gestión de Inteligencia, aprendizaje tecnológico y modernización del trabajo informacional. Retos y oportunidades.-- Caracas : Universidad Simón Bolívar, 1992.
    Citado por: Ponjuán Dante, G. Gestión de Información en las organizaciones: principios, conceptos y aplicaciones.-- Chile : CECAPI - Universidad de Chile, 1998.-- p.3.

INFORMACIÓN:

"…información es aquello que es capaz de modificar una estructura."

Pinto Molina, M. y Gálvez, C. Análisis documental de contenido. Procesamiento de información. Madrid : Editorial Síntesis S.A., 1996. p. 16

INFORMACIÓN:

La información es una parte de una reflexión, diferente de los factores materiales y energéticos, que es percibida por los sistemas de materiales en una etapa organizativa definida y es tan voluminosa que puede almacenarse, procesarse y utilizarse con posterioridad para mantener su control, y se expresa en mensajes ordenados respecto a la probabilidad de uno u otro hecho entre una multitud de acontecimientos de una naturaleza dada.

Semenyuk, E.P. An informational approach to cognition of reality.-- Kiev : Naukova Dumka,1988.
Citado por: Bonitz, Manfred. Las bases teóricas de la información. Información-Conocimiento-Informática. International Forum of Information and Documentation. 15(2), april, 1990.

INFORMACIÓN:
La información es conocimiento transformado, su forma representa dicho conocimiento.
Shreider, Yu. A. A dual apperance of present-day informatics. Priroda, 1988, No.5, 64-71.
Citado por: Bonitz, Manfred. Las bases teóricas de la información. Información-Conocimiento-Informática. International Forum of Information and Documentation. 15(2), april, 1990.

INFORMACIÓN:
(Biol.). Conjunto de elementos fundamentales suministrados a un ser vivo por su entorno o por su organismo. La información es esencialmente sensorial o energética.
(Psic.). Conjunto de datos (elementos o sistemas) significativos y concertantes que pueden ser transmitidos por una señal o una combinación de señales y cuya meta es una adaptación. La información comporta una fuente (hombre o máquina), un receptor (hombre o máquina) y los dispositivos de información. Se habla de entrada (input) cuando una acción es realizada por un operador sobre un mecanismo de forma que este se manifiesta como una señal sobre un dispositivo de información. Se habla de salida (output) cuando el operador, tomando la información útil, actúa de tal forma que su acción modifica el comportamiento del mecanismo, lo que de nuevo se traducirá en modificaciones sobre el dispositivo.
(Soc.). De manera general se entiende por información bien un contenido significativo o bien un proceso por el que el contenido es transmitido de un sujeto a otro. Por contenido significativo hay que entender un mensaje que ha sido abstraído de ciertos fenómenos bien por el transmisor o bien por el sujeto receptor. El psicólogo estudia de preferencia la información como un fenómeno de comunicación.
Thinés, G. y A. Lempereur. Diccionario general de Ciencias Humanas.-- Madrid : Cátedra, 1978.-- p. 476-477.

INFORMACIÓN:
Término que designa el contenido o el mensaje de una comunicación o de un discurso, escrito u oral.
UNESCO: UNISIST II. *Conference intergouvernementale sur l'information scientifique et technique au service du developpment.* Document de travail principal. París, 1979. PGI/UNISISTII/4, XXXIII + 114 + 6 + 4pp.
Citado por: García Gutiérrez, Antonio Luis. Lingüística documental.-- Barcelona : Editorial Mitre, 1984.-- p.38.

INFORMACIÓN:
"...es todo aquello que suministra una indicación susceptible de ser interpretada por un receptor."
Valentinuzzi, Máximo. Conceptos básicos de la teoría de la información.

INFORMACIÓN:
La información es información, ni materia, ni energía.

Weiner, N. Cybernetics or control and communication in the animal and the machine. New York : Wiley, 1948.
Citado por: Bonitz, Manfred. Las bases teóricas de la información. Información-Conocimiento-Informática. <u>International Forum of Information and Documentation</u>. 15(2), april, 1990.

INFORMACIÓN:

"La información se puede interpretar como el reflejo de la variedad, es decir, como la reproducción de la variedad de un objeto en otro objeto como resultado de la interacción de los mismos. El resultado del reflejo de la variedad es información, por eso es que podemos afirmar que la información es variedad reflejada"
Jorge Núñez

INFORMACIÓN:

"La información es el material principal que utiliza el hombre para darle forma a su sociedad"
Cartier, Michael.   Un nuevo modelo de acceso al conocimiento. INFO Caracas, 5 (3-4): 3-19 julio-diciembre, (1992)

INFORMACIÓN:

"información: es decir, datos codificados, estructurados y validados"
Urra González, Pedro.   Las tecnologías de la información y la gestión del conocimiento. Conferencia impartida en la Universidad de Camagüey. IV Simposio Internacional Información y redes del conocimiento de cara al nuevo milenio, 2 abril, 1999.

INFORMACIÓN:

" Información: conjunto de datos, números o cifras codificados, estructurados y validados, que constituyen el bloque básico que sustenta la economía fundada en la información y el conocimiento"
Valdés Buratti, Luigi.   Conocimiento es futuro hacia la sexta generación de los procesos de calidad. Ciudad de México, Ed. Concamin, 1996, p. 425.